V&R

PSYCHODYNAMIK Kompakt

Herausgegeben von
Franz Resch und Inge Seiffge-Krenke

Inge Seiffge-Krenke

Widerstand, Abwehr und Bewältigung

Unter Mitarbeit von Frank Kollmar

Vandenhoeck & Ruprecht

Bibliografische Information der Deutschen Nationalbibliothek

Die Deutsche Nationalbibliothek verzeichnet diese Publikation in der Deutschen Nationalbibliografie; detaillierte bibliografische Daten sind im Internet über http://dnb.d-nb.de abrufbar.

ISBN 978-3-525-40579-6

Weitere Ausgaben und Online-Angebote sind erhältlich unter: www.v-r.de

Umschlagabbildung: Paul Klee, The Broken Key, 1938/Bridgeman Images

© 2017, Vandenhoeck & Ruprecht GmbH & Co. KG,
Theaterstraße 13, D-37073 Göttingen /
Vandenhoeck & Ruprecht LLC, Bristol, CT, U.S.A.
www.v-r.de
Alle Rechte vorbehalten. Das Werk und seine Teile sind urheberrechtlich geschützt. Jede Verwertung in anderen als den gesetzlich zugelassenen Fällen bedarf der vorherigen schriftlichen Einwilligung des Verlages.
Printed in Germany.

Satz: SchwabScantechnik, Göttingen
Druck und Bindung: ⊕ Hubert & Co GmbH & Co. KG,
Robert-Bosch-Breite 6, D-37079 Göttingen

Gedruckt auf alterungsbeständigem Papier.

Inhalt

Vorwort zur Reihe 7

Vorwort zum Band 9

1 Vorbemerkungen 11

2 Abwehr und Widerstand im Alltag, in der Geschichte
 und in der Psychotherapie 13
 2.1 Widerstand und Abwehr als ubiquitäre Phänomene 13
 2.2 Abwehr und Widerstand in der Geschichte
  der Psychoanalyse – bis heute 15
 2.3 Widerstand und Abwehr: Klinisch bedeutsam und
  sehr verschieden 16

3 Der Widerstand: Klinisches Erscheinungsbild und
 historische Entwicklung 18
 3.1 Klinisches Erscheinungsbild des Widerstandes 18
 3.2 Historische Entwicklung und gegenwärtige Sicht
  des Konzepts 20
 3.3 Klassifikationen der Widerstandsformen 22

4 Die Abwehrlehre: Ein Blick zurück und viele Kontroversen ... 26
 4.1 Die Anfänge der Abwehrlehre bei Freud:
  Alles andere als klar 26
 4.2 Abwehrmechanismen bei Anna Freud und
  Konzeptionen über frühe Abwehrmechanismen 28
 4.3 Abwehr: Klinisch bedeutsam – aber viele Kontroversen 30

5 Der Blick auf die Ressourcen: Von der Abwehr
  zur Bewältigung 33
  5.1 Ressourcenorientierung und eine positive Sicht auf
      die Abwehr 33
  5.2 Annektierungen des Abwehrbegriffs in anderen
      Therapierichtungen 35
  5.3 Von Freud zu Lazarus: Wie aus der Abwehrlehre
      die Copingforschung entstand 36
  5.4 Abwehr und Bewältigung – ein integratives Modell 39

6 Entwicklung von Abwehrmechanismen und ihre Veränderung
  durch Therapie 42
  6.1 Abwehr aus entwicklungspsychologischer Perspektive ... 42
  6.2 Veränderung der Abwehr durch Therapie 44

7 Klinische Arbeit mit dem Widerstand 46
  7.1 Widerstand und Regulation der Nähe der Beziehung
      zum Therapeuten 46
  7.2 Allgemeine Prinzipien: »Das Spiel mit dem Widerstand« 47
  7.3 Behandlungstechnik: Widerstandsanalyse 49
  7.4 Spezielle Situationen: Geheimnisse 52
  7.5 Widerstand in der Supervision 55

8 Klinische Arbeit an Abwehrmechanismen 57
  8.1 Systematisierung der Abwehrmechanismen 57
  8.2 Allgemeine Prinzipien: »Die Abwehr lieben lernen« 61
  8.3 Strukturniveau, Abwehr und Bewältigung 64
  8.4 Analyse der Gegenübertragung bei Verleugnung,
      Spaltung und projektiver Identifizierung 67

9 Abschließende Bemerkungen 72

Literatur 73

Vorwort zur Reihe

Zielsetzung von PSYCHODYNAMIK KOMPAKT ist es, alle psychotherapeutisch Interessierten, die in verschiedenen Settings mit unterschiedlichen Klientengruppen arbeiten, zu aktuellen und wichtigen Fragestellungen anzusprechen. Die Reihe soll Diskussionsgrundlagen liefern, den Forschungsstand aufarbeiten, Therapieerfahrungen vermitteln und neue Konzepte vorstellen: theoretisch fundiert, kurz, bündig und praxistauglich.

Die Psychoanalyse hat nicht nur historisch beeindruckende Modellvorstellungen für das Verständnis und die psychotherapeutische Behandlung von Patienten hervorgebracht. In den letzten Jahren sind neue Entwicklungen hinzugekommen, die klassische Konzepte erweitern, ergänzen und für den therapeutischen Alltag fruchtbar machen. Psychodynamisch denken und handeln ist mehr und mehr in verschiedensten Berufsfeldern gefordert, nicht nur in den klassischen psychotherapeutischen Angeboten. Mit einer schlanken Handreichung von 60 bis 70 Seiten je Band kann sich der Leser schnell und kompetent zu den unterschiedlichen Themen auf den Stand bringen.

Themenschwerpunkte sind unter anderem:
- *Kernbegriffe und Konzepte* wie zum Beispiel therapeutische Haltung und therapeutische Beziehung, Widerstand und Abwehr, Interventionsformen, Arbeitsbündnis, Übertragung und Gegenübertragung, Trauma, Mitgefühl und Achtsamkeit, Autonomie und Selbstbestimmung, Bindung.
- *Neuere und integrative Konzepte und Behandlungsansätze* wie zum Beispiel Übertragungsfokussierte Psychotherapie, Schematherapie, Mentalisierungsbasierte Therapie, Traumatherapie, internet-

basierte Therapie, Psychotherapie und Pharmakotherapie, Verhaltenstherapie und psychodynamische Ansätze.
- *Störungsbezogene Behandlungsansätze* wie zum Beispiel Dissoziation und Traumatisierung, Persönlichkeitsstörungen, Essstörungen, Borderline-Störungen bei Männern, autistische Störungen, ADHS bei Frauen.
- *Lösungen für Problemsituationen in Behandlungen* wie zum Beispiel bei Beginn und Ende der Therapie, suizidalen Gefährdungen, Schweigen, Verweigern, Agieren, Therapieabbrüchen; Kunst als therapeutisches Medium, Symbolisierung und Kreativität, Umgang mit Grenzen.
- *Arbeitsfelder jenseits klassischer Settings* wie zum Beispiel Supervision, psychodynamische Beratung, Arbeit mit Flüchtlingen und Migranten, Psychotherapie im Alter, die Arbeit mit Angehörigen, Eltern, Gruppen, Eltern-Säuglings-Kleinkind-Psychotherapie.
- *Berufsbild, Effektivität, Evaluation* wie zum Beispiel zentrale Wirkprinzipien psychodynamischer Therapie, psychotherapeutische Identität, Psychotherapieforschung.

Alle Themen werden von ausgewiesenen Expertinnen und Experten bearbeitet. Die Bände enthalten Fallbeispiele und konkrete Umsetzungen für psychodynamisches Arbeiten. Ziel ist es, auch jenseits des therapeutischen Schulendenkens psychodynamische Konzepte verstehbar zu machen, deren Wirkprinzipien und Praxisfelder aufzuzeigen und damit für alle Therapeutinnen und Therapeuten eine gemeinsame Verständnisgrundlage zu schaffen, die den Dialog befördern kann.

Franz Resch und Inge Seiffge-Krenke

Vorwort zum Band

Widerstand und Abwehr kennzeichnen nicht nur das ungeliebte Stocken des Therapieprozesses, sie sind nicht bloß die negativen Abdrücke von Unwillen, Kritik und Gegenwehr im therapeutischen Kontext, sondern stellen bedeutsame Bewältigungsleistungen der Patientinnen und Patienten dar, die wertvolle Hinweise auf strukturelle Bereitschaften der Betroffenen, Nähe-Distanz-Probleme oder therapeutische Interventionen im Therapieverlauf geben können.

Darüber hinaus stellt das Abwehrkonzept eine integrative Modellvorstellung dar, die den gesamten Forschungsbereich der Bewältigungsforschung angestoßen hat. Und so begleiten Abwehr und Widerstand das alltägliche Leben und sind auch in der Historie, auch in der Psychoanalyse selbst, und in der Politik auszumachen. Abwehrmechanismen der Verleugnung, Verdrängung und Bagatellisierung kennzeichnen jene Mauern des Schweigens, die Unrecht schützen, Ängste bei Opfern schüren und Machtmittel der Unterdrückung darstellen. Abwehrmechanismen der Projektion suchen Angstreduktion durch Abschottung von Randgruppen, dem Fremden an sich und dem vermeintlich Feindlichen.

Ein überzeugender Bogen wird vom Alltag bis in die Therapiesituation gespannt. Widerstand und Abwehr werden in ihrer Begrifflichkeit, der historischen Herleitung und der klinischen Bedeutsamkeit gut fassbar. Auch die Kontroversen zu Definition und Geltung werden angesprochen und offengelegt. Der Schritt von der Abwehr zur Bewältigung gelingt überzeugend und gipfelt in einem integrativen Modell. Die Entwicklung der Abwehrmechanismen und ihre Veränderung im Therapieverlauf stellen ein eigenes Thema dar. Klinisch bedeutsam ist die Arbeit mit dem Widerstand in der Praxis: ein erhellendes Kapitel, das mit spannenden Falldarstellungen angereichert ist. Die klinische Arbeit an den Abwehrmechanismen führt zum Thema einer strukturbezogenen Psychotherapie, auch die Analyse der Gegenübertragung ist ein fundamentales Therapieprinzip.

Die Grundideen, dass Abwehrmechanismen die Selbsterhaltung fördern und Widerstand etwas Positives ist, haben etwas Befreiendes, Emanzipatorisches. Ja, es ist eine große Leistung, sich im Widerstand selbst zu behaupten. Und man darf ihn auch nicht um jeden Preis brechen, denn dann bricht man die Person ...

Ein wirklich positives Buch, das mit dem dunklen Kapitel des Widerstands in der Psychoanalyse lichtvoll umgeht und das Abwehrkonzept in den Rahmen der Bewältigungsforschung stellt.

Franz Resch

*Als Jung von einer Vortragsreise Freud aus
Amerika telegrafiert: »Die Psychoanalyse kommt
glänzend an«, schreibt Freud lakonisch zurück:
»Was haben Sie weggelassen?«*

1 Vorbemerkungen

Viele von Freud geprägte psychoanalytische Termini haben in unsere Alltagssprache Eingang gefunden. Tatsächlich gehören Wörter wie Fehlleistung, Libido, Neurose, Ödipuskomplex, Projektion, Sublimierung, Trauma oder Unbewusstes mehr oder weniger zum allgemeinen Sprachgebrauch, wenn von psychischen Angelegenheiten die Rede ist. Auch die von Freud ursprünglich »erfundenen« Begriffe der Abwehr und des Widerstandes gehören dazu. Sie werden aber nicht nur in der Alltagssprache, sondern auch in anderen psychotherapeutischen Ansätzen oftmals synonym verwendet, ohne den geschichtlichen und klinischen Hintergrund einzubeziehen und die therapeutischen Konsequenzen zu reflektieren. Dieses Buch zeigt auf, welche konzeptuellen Differenzierungen die Psychoanalyse seit Anbeginn in Bezug auf Abwehr und Widerstand vorgenommen hat und welche therapeutischen Konsequenzen sich aus den unterschiedlichen Abwehr- und Widerstandsformen ergeben. Es demonstriert, dass sich eine bedeutsame psychologische Forschung, die Bewältigungsforschung, auf den Grundlagen der Abwehrlehre entwickelte – ohne allerdings dieses »Fundament« zu benennen –, Abwehrprozesse sind auch hier am Werk.

Abwehr und Widerstand sind also keineswegs austauschbare Schlagworte, deren man sich beliebig bedienen sollte, wenn der Therapieprozess stockt. Sie zeigen vielmehr bedeutsame Bewältigungsleistungen des Patienten, geben uns wertvolle Hinweise auf seine Struktur, die Nähe zum Therapeuten, den gegenwärtigen therapeutischen Prozess und die Platzierung von Interventionen. In diesem Buch ist nicht der Raum, die sehr umfangreiche Bewältigungsforschung darzulegen, die durch die psychoanalytische Abwehrlehre angestoßen wurde, es sollen aber einige Bezüge aufgezeigt werden, die auf ein integratives Modell als therapeutischen Ansatz hinführen.

2 Abwehr und Widerstand im Alltag, in der Geschichte und in der Psychotherapie

Abwehr und Widerstand begleiten das alltägliche Leben und lassen sich überall finden – auch in der deutschen Geschichte. Besonders deutlich sind sie jedoch in der psychodynamischen Psychotherapie, auch deshalb, weil die Parameter so genau festgelegt sind und Abweichungen, Umdeutungen und Verarbeitungen dann besonders gut erkennbar werden.

2.1 Widerstand und Abwehr als ubiquitäre Phänomene

Abwehr und Widerstand sind ubiquitäre Phänomene, auf die man in vielen Alltagsbereichen und in der Literatur stößt. »Die Marquise von O.« (Kleist, 1808) ist geradezu ein Paradebeispiel von Abwehr. Diese »Krankengeschichte« hätte auch Freud nicht besser formulieren können.

Die Marquise von O. wird vom Grafen vor der Vergewaltigung durch Russen »gerettet«. Während der Graf auf Reisen ist, vermutet die Marquise, dass sie schwanger sei, und wird auch kurze Zeit später von einem Arzt und einer Hebamme darin bestätigt. Daraufhin wird sie von ihrem Vater aus seinem Haus verstoßen und zieht auf einen Landsitz nach V. Dort verfasst die Marquise eine Anzeige, in der sie öffentlich mitteilt, dass sie ohne ihr Wissen in andere Umstände gekommen sei und nun nach dem Vater des Ungeborenen sucht, um ihn aus Rücksicht auf ihre Familie zu heiraten. Es ist der Graf, und sie heiratet ihn auch, aber sie ist sehr distanziert zu ihm. Nach einem Jahr wirbt der Graf ein weiteres Mal um die Marquise von O. und sie heiraten glücklich zum zweiten Mal.

Es ist ein mutiger Schritt der Marquise, sich öffentlich dazu zu äußern; er zeigt, wie komplett wirksam die Abwehrmechanismen der Verdrängung und Verleugnung waren. Ein aktuelleres Beispiel für diese Abwehrmechanismen gibt Navid Kermani, der bereits im Jahr 2005, anlässlich der Wiedereröffnung des Burgtheaters in Wien, von den zahlreichen Flüchtlingen sprach, die über das Meer zu uns kommen. In dieser Rede hat er das Mittelmeer »als das größte Massengrab Europas« bezeichnet. Die Fakten waren klar, aber sie wurden verleugnet, verdrängt und bagatellisiert.

Ganz ähnlich verhielten sich Weimarer Bürger, die von der amerikanischen Armee zwangsweise durch das gerade befreite Konzentrationslager Buchenwald geführt wurden. Die Reaktionen, die in einer Foto- und Filmserie veröffentlicht wurden, reichten von Erschütterung über theatralische Gesten bis zu Ungläubigkeit. Dabei hatten die Weimarer doch jahrelang den besten Ausblick auf die Rauchsäulen in Buchenwald und das KZ unter anderem mit Nahrungsmitteln versorgt.

Auch der Film »Labyrinthe des Schweigens« (2014) mit Alexander Fehling illustriert die Mauer aus Bagatellisierung, Verdrängung, Verleugnung eindrucksvoll. Ein junger Jurist versucht in Frankfurt aufzudecken, dass Nazis noch gegenwärtig – der Film spielt in den 1960er Jahren – hohe Positionen unbeschadet bekleiden, obwohl er nachweisen konnte, welche Verbrechen sie begangen haben. Verleugnung, Verdrängung und Bagatellisierung werden eindrucksvoll vor Augen geführt.

2.2 Abwehr und Widerstand in der Geschichte der Psychoanalyse – bis heute

Auch in der Wissenschaftsgeschichte finden wir viele Beispiele von Abwehr und Widerstand: Als Darwin 1850 seine »Entstehung der Arten« schrieb, entwickelte zeitgleich Wallace eine ebensolche Theorie, die jedoch nicht zur Kenntnis genommen wurde (Bronowski, 1979).

Auch in der Psychoanalyse findet sich Spaltung und Widerstand gegen Neuerungen. Einige Beispiele mögen dies illustrieren: Es ist bekannt, dass sich Jung und Adler von Freud und der Mittwochgesellschaft abwandten und eigene Schulen gegründet haben. Der Streit zwischen Anna Freud und Melanie Klein (»war and peace among the ladies«, Kristeva, 2008) ist legendär und hat zur Gründung zweier kinderanalytischer Schulen in London in unmittelbarer Nähe geführt, die bis heute existieren. Anna Freud war es auch, die sich Bowlbys bindungstheoretischen Ansichten verschloss, obgleich sie mit Bowlby hinsichtlich der Bedeutung der frühen Mutter-Kind-Beziehung für die kindliche Entwicklung übereinstimmte. Diese Orthodoxie führte dazu, dass Anna Freud den Begriff »attachment behavior« wie ein »Unwort« behandelte und dass es lange zu einer Ausklammerung der Forschungen Bowlbys aus den »heiligen Hallen« der Psychoanalyse kam (Ludwig-Körner, 2016).

In der jüngsten deutschsprachigen und internationalen Geschichte der Psychoanalyse gab es viele Jahre Spaltung und Streit, welche psychoanalytische Dachorganisation das »wahre Gold der Psychoanalyse« vertritt und welche Gruppierungen ausgeschlossen werden sollen. Gerd Rudolf (2016) hat dies eindrucksvoll in Bezug auf die therapeutische Identität verdeutlicht. Dies geht bis in die Gegenwart, wie der Aufsatz »Behind closed doors« von Huprich und Bornstein (2015) zeigt. Auf dem Kongress der European Psychoanalytic Federation im März 2016 in Berlin gab es eine Arbeitsgruppe »Meet the societies: DPV and DPG – from splitting and rapprochement to cooperation«.

2.3 Widerstand und Abwehr: Klinisch bedeutsam und sehr verschieden

Widerstand und Abwehr sind sehr komplexe Konzepte und haben unterschiedliche Funktionen. Bevor wir auf die historische Entwicklung und gegenwärtige Verwendung der beiden Konstrukte genauer eingehen, möge als erste Annäherung genügen: Die Abwehr umfasst Prozesse, die gegen Schmerz, Gefahr, negative Affekte schützen und die Emotionen so herunterregulieren, dass sie durch das Individuum handhabbar werden. Der Widerstand dagegen verteidigt die Neurose, das Alte, das Infantile, das Vertraute gegen Aufdeckung und Veränderung.

Keine Frage: Im klinischen Alltag sind wir ständig mit Abwehr- und Widerstandsphänomenen konfrontiert; die klinische Bedeutung von Abwehr und Widerstand ist unstrittig. Besonders deutlich werden Widerstandsphänomene am Beginn einer psychotherapeutischen Behandlung. Schweigen, aber auch ein Behandlungsabbruch können deutliche Zeichen für ein Widerstandsverhalten des Patienten, der Patientin sein. Da 40 Prozent der Abbrüche innerhalb der ersten 15 Sitzungen erfolgen (Seiffge-Krenke u. Cinkaya, 2017), ist die frühe Therapiephase eine kritische Phase, die entscheidend dafür ist, ob eine Therapie fortgesetzt wird oder nicht. In dieser sensiblen Anfangsphase sollte der Fokus besonders auf der Etablierung einer stabilen und vertrauensvollen Beziehung liegen, die den Widerstand erniedrigt, sodass sich dann der Patient oder die Patientin mit den schmerzhaften und belastenden Ereignissen auseinandersetzen kann, die zu den Symptomen geführt haben.

Aber auch zahlreiche Abwehrmechanismen erschweren die therapeutische Arbeit. Bagatellisierung, Intellektualisierung und Verleugnung sind recht häufig im klinischen Alltag anzutreffen, und die Spaltungsprozesse, die sich auf einer Station vollziehen, wenn eine Patientin, ein Patient mit einer schweren Persönlichkeitsstörung aufgenommen wurde, sind beunruhigend. Auch die Verleugnung der Krankheitswertigkeit einer schweren Störung beunruhigt und beschäftigt viele Therapeuten und Therapeutinnen.

Auf einer psychosomatischen Station wurde ein 15-jähriges Mädchen eingeliefert, das mit einem Gewicht von 29 kg (bei 1,60 cm) die gesamte Station in helle Aufregung versetzte. Bange Sorge wechselte ab mit Wut und Verzweiflung bei allen Stationsmitgliedern. Was war geschehen? Valentina war schon zum zweiten Mal stationär aufgenommen worden, das erste Mal im vorigen Jahr mit Magersucht. Valentina hatte eine enorme Leistungsorientierung, ihre Sorge war ständig, nicht alles 100 Prozent zu erfüllen – selbst ihre Flötenlehrerin sagte: »Dir kann ich nichts mehr beibringen.« Ihr starkes Kontroll- und Leistungsbedürfnis bezog sich dann auf den Körper, wo sie ihre Nahrungsaufnahme streng kontrollierte, was zu einem rapiden Gesichtsverlust führte. Nachdem das Gewicht sich erholt und stabilisiert hatte, wollte sie unbedingt nach Hause entlassen werden, was die Eltern auch unterstützten, denn: »Dann hat sie bessere Laune.«

Nun kam sie wieder, in einem dramatisch schlechten Zustand, sodass man um ihr Leben fürchten musste. Im Krankenbett liegend, mit der Sonde ernährt, wurde sie von ihren Eltern, einem Banker und einer Verwaltungsangestellten, die in der Umgebung der Klinik wohnten, kaum besucht. Tochter wie Eltern verleugneten die Schwere der Erkrankung, die Todesnähe. Die Krankenschwestern, die Valentina »am Sterbebett«, wie sie sich ausdrückten, besuchten, kamen erschreckt und aufgewühlt zurück und berichteten vom skelettartigen Aussehen der Patientin und ihrer großen Schwäche, aber auch Dankbarkeit, dass sich jemand um sie kümmere. Wiederum möchte Valentina nach einer Gewichtszunahme (auf 35 kg) sich so schnell wie möglich entlassen lassen, um nach Hause zu kommen.

Die frühen Abwehrmechanismen Spaltung, Verleugnung und projektive Identifizierung sind für Therapeutinnen und Therapeuten besonders belastend; wir widmen ihnen daher ein eigenes Kapitel (8.4). Zunächst geht es aber um die historische Entwicklung und konzeptuelle Differenzierung von Widerstand und Abwehr.

3 Der Widerstand: Klinisches Erscheinungsbild und historische Entwicklung

Der Widerstand richtet sich gegen das Fortschreiten des therapeutischen Prozesses. In der Psychoanalyse ist im Allgemeinen der vom Patienten ausgehende Widerstand gemeint. Es gibt aber auch Widerstände aufseiten des Therapeuten, etwa eine Reaktion auf die Übertragung, die den therapeutischen Prozess beeinträchtigen können (König, 1995).

Nach Greenson (1971/2008) umfasst der Widerstand alle Kräfte im Patienten, die sich der Behandlung entgegenstellen, die verhindern, dass er frei assoziiert oder spricht, ihn daran hindern, Einsicht zu gewinnen, sich den schmerzlichen Erlebnissen auszusetzen. Der Widerstand schützt nach Freud den Status quo der Neurose. Zugleich sagt er etwas über die Nähe der Beziehung zum Therapeuten, zur Therapeutin aus. Dieses Merkmal des Widerstandes hängt damit zusammen, dass in aller Regel Erfahrungen aus früheren Beziehungen auf den Therapeuten übertragen werden. Der Widerstand kann subtile, komplexe, aber auch sehr grobe Formen annehmen.

3.1 Klinisches Erscheinungsbild des Widerstandes

Auch im medizinischen Kontext findet man zahlreiche Hinweise auf den Widerstand, wenn der Patient, die Patientin sich nicht compliant zeigt oder vordergründig mitarbeitsbereit ist, aber dann doch die Medikation nicht einhält, die vorgeschlagene Behandlung (wie eine Physiotherapie, eine OP) nicht durchführen lässt. In der Psychotherapie sind allerdings die klinischen Erscheinungsbilder wesentlich deutlicher:

- *Der Patient schweigt:* die durchsichtigste und häufigste Form des Widerstandes. Der Patient ist bewusst oder unbewusst abgeneigt, dem Therapeuten seine Gefühle und Gedanken mitzuteilen. Manchmal offenbart der Patient durch seine Körperhaltung (geballte Fäuste, zusammengepresste Fußknöchel) auch Informationen über den Inhalt des Schweigens. Schweigen kann aber auch noch viele andere Bedeutungen haben (z. B.: Wir verstehen uns wortlos; ich muss hier nichts für dich / meine Mutter machen; vgl. Cremerius, 1969).
- *Reden über Unwichtiges:* Vermeiden von Themen, die peinlich sind. Man hört häufiger von Kolleginnen und Kollegen: »Der Patient war mehrfach da, aber ich habe nichts über ihn und seine Eltern erfahren.« Benutzung von Klischees ist ebenfalls häufig.
- *Zuspätkommen, Versäumen der Stunde, Verweigerung der Ausfallregelung:* All diese Phänomene von passiver Aggression beachtet man und würde sie, wenn sie sich mehrfach wiederholen, als Indikatoren für einen Widerstand ansehen.
- *Überschwemmen der Stunde mit Träumen, Phantasien und anderem Material:* Auch dies kann zu Widerstandszwecken eingesetzt werden. Greenson (1971/2008) nennt auch häufige fröhliche Stunden als mögliche Indikatoren für einen Widerstand.
- Es gibt eine Reihe von *subtilen Widerständen,* die schwer zu entdecken sind und die man oft erst bemerkt, wenn man den Patienten einer anderen Person beschreibt. Fenichel (1948/2014, S. 67) beschrieb seinem Gegenüber eine Patientin mit »Na wissen Sie, sie ist eine Quetsch«, was das jiddische Wort für eine chronische Seufzerin ist.
- *Agieren:* Der Patient wiederholt anstatt zu erinnern, aber unter den Bedingungen des Widerstandes. Das kann zum Beispiel zu einem unbewussten Agieren in Nebenübertragungen führen.
- *Der Patient ändert sich nicht:* Dies kann eine negative therapeutische Reaktion, aber auch eine subtile Form des Übertragungswiderstands sein.

Damit ist deutlich geworden, dass im Prinzip fast alles zu Widerstandszwecken benutzt werden kann.

3.2 Historische Entwicklung und gegenwärtige Sicht des Konzepts

In den »Studien über Hysterie« (Breuer u. Freud, 1895) entdeckte Freud nicht nur die Übertragung, sondern auch den Widerstand, insbesondere bei Elisabeth von R., die von Freud 1892 behandelt wurde. Hier benutzte er den Begriff »Widerstand« zum ersten Mal und formulierte, er glaube, die Patientin »wehre unerträgliche Vorstellungen« (S. 120) ab. Später, im Zusammenhang mit der Nichthypnotisierbarkeit, sagte er: »Das Nichtwissen ist in Wirklichkeit ein Nichtwissen-Wollen« (S. 124). Man müsse im Patienten eine psychische Kraft überwinden, die sich dem Bewusstwerden des pathogenen Inhalts entgegenstellt. Aufgabe des Therapeuten sei also die Überwindung des Widerstandes. Freud schildert eindringlich seine schwere Arbeit und sein Drängen, schließlich die Kopfdruckmethode (»beim Drucke meiner Hand wird Ihnen nun einfallen ...«). Widerstände sind zäh und kommen häufig wieder. Emmy von N. war leicht zu analysieren und zeigte wenig Widerstand – außer wenn es um sexuelle Dinge ging. Dabei entdeckte Freud: »Je näher man dem Kern der Hysterie kommt, umso stärker ist der Widerstand« (S. 31). Damit wurde für ihn klar, dass der Widerstand den Status quo der Neurose schützt.

Im Fall Dora (1905) aus »Bruchstück einer Hysterie-Analyse« beschreibt Freud (1905a), wie die Übertragungsbeziehung zur wichtigsten Quelle des Widerstandes wurde und wie dieser Übertragungswiderstand von der Patientin agiert wurde und dies schließlich zum Abbruch der Analyse führte. Dora gilt als der am meisten kommentierte von Freuds Fällen und wurde vielfach ambivalent aufgenommen: als eindrucksvoll und faszinierend wie auch als misslungen und anstößig. Die vielschichtigen Facetten und Ursachen dieser Ambivalenz, auch bei Freud selbst, wurden später herausgearbeitet (z. B. King, 2006).

Für Freud war deutlich, dass der Widerstand die Therapie Schritt für Schritt begleitet. Auch die Assoziationen sind ein Kompromiss zwischen den Kräften des Widerstandes und denen, die mitarbeiten wollen. In »Erinnern, Wiederholen, Durcharbeiten« (1914) erwähnt Freud zum ersten Mal den Wiederholungszwang – eine besondere Form des Widerstandes –, ein früheres Erlebnis durch Handeln statt durch Erinnern zu wiederholen. Es sei mehr notwendig, schreibt er, als den Widerstand nur zu benennen, der Patient müsse ihn gut kennenlernen, ihn entdecken in seinen verschiedenen Äußerungsformen, was eine geradezu detektivische Arbeit einschließe. In »Hemmung, Symptom und Angst« (1926) beschreibt Freud verschiedene Widerstände, auf die im Folgenden noch eingegangen wird.

In »Die endliche und die unendliche Analyse« (1937) stößt Freud auf einen besonderen Widerstand, die negative therapeutische Reaktion. Zuvor reflektiert er darüber, dass der Widerstand durch bestimmte Reaktionen des Therapeuten ausgelöst werden kann.

»Es gibt Personen, die sich in der analytischen Arbeit ganz sonderbar benehmen. Wenn man ihnen Hoffnung gibt und ihnen Zufriedenheit mit dem Stand der Arbeit zeigt, scheinen sie unbefriedigt und verschlechtern regelmäßig ihr Befinden. […] Man überzeugt sich nur, dass diese Personen kein Lob und keine Anerkennung vertragen, sondern dass sie auf die Fortschritte der Kur in verkehrter Weise reagieren. Jede Partiallösung, die eine Besserung […] der Symptome zur Folge haben sollte, […] ruft bei ihnen eine momentane Verstärkung ihres Leidens hervor, sie verschlimmern sich […] anstatt sich zu verbessern« (Freud, 1923, S. 278).

Freud verwandte die Bezeichnung »negative therapeutische Reaktion« zur Beschreibung einer paradoxen Reaktion, der Verschlechterung des Zustands eines Patienten nach einer ermutigenden Erfahrung, und erklärte sie durch das unbewusste Schuldgefühl. Zunächst von ihm als Hemmnis für den Fortgang der Therapie erlebt, stellte er nun fest, dass der Widerstand doch wichtige Informationen über die Psychodynamik der Symptomatologie eines Patienten gibt.

Reich (1933) hat das Konzept der Charakterwiderstände beschrieben und weitere Hinweise zur Behandlungstechnik gegeben. Von Glover (1955) stammen weitere Differenzierungen der Phänomenologie des Widerstandes, unter anderem seine Unterscheidung in grobe und feine Widerstände.

Der Krankheitswandel sowie die zunehmende Beschäftigung mit schweren Persönlichkeitsstörungen und strukturellen Störungen führten dazu, dass man der Schutzfunktion des Widerstandes noch stärkere Beachtung schenkte (Sandler, Dare u. Holder, 1973). Die Weiterentwicklungen der psychoanalytischen Theorie durch die Objektbeziehungstheorie und die Selbstpsychologie führten in den Folgejahren dazu, dass zusätzlich zu den triebdynamischen Motiven auch Widerstandsmotive beachtet wurden, die mit dem Schutz der narzisstischen Integrität des Selbst und dem Schutz von Beziehungen zusammenhängen. Selbstkohärenz und bedeutsame Beziehungen aufrechtzuerhalten sind wesentliche Motive für einen Widerstand in der Therapie.

Wie Ermann (2014) ausführt, hat das Konzept des Widerstandes in der Psychoanalyse einen Bedeutungswandel erfahren, insofern als der Widerstand heute als eine Bewältigungsleistung, insbesondere eine Leistung zur Bewältigung der analytischen Situation, aufgefasst wird. Die positive Funktion wird also gegenwärtig noch viel stärker gesehen, als es Freud – nach dem Wandel seiner Sicht vom Hemmnis zur wichtigen Informationsquelle innerhalb des therapeutischen Prozesses – möglich war. Wie noch zu zeigen sein wird, ist der Widerstand behandlungstechnisch von sehr großer Bedeutung, denn er gibt wichtige Informationen über das Timing und die Platzierung von Interventionen.

3.3 Klassifikationen der Widerstandsformen

In seinen »Ratschlägen für den Arzt bei der psychoanalytischen Behandlung« gibt Freud (1912) differenzierte Beschreibungen verschiedener Widerstandsformen, die auch heute noch gültig sind.

In »Hemmung, Symptom und Angst« (1926) sind fünf Arten von Widerständen beschrieben, die er nach ihrer Quelle klassifizierte. Drei davon kommen aus dem Ich, das hängt damit zusammen, dass das Ich die Struktur ist, die die abwehrenden, vermeidenden Funktionen in Gang setzt. Dazu zählen der Verdrängungswiderstand, der Übertragungswiderstand und der Krankheitsgewinn. Freud unterscheidet ferner einen Es-Widerstand und einen durch ein zu strenges Über-Ich bedingten Widerstand:

Beim *Verdrängungswiderstand* wird die schützende Funktion des Ichs deutlich (»Das Nichtwissen ist ein Nichtwissen-Wollen«). Dadurch wird verhindert, dass belastende Erfahrungen ins Bewusstsein treten. Konzeptuell gestaltet sich die Unterscheidung zwischen Verdrängung als Abwehrmechanismus und einem Verdrängungswiderstand schwierig. Der Verdrängungswiderstand kann sich neueren Konzeptionen zufolge nicht nur auf triebhafte, sondern auch auf narzisstische und beziehungsbezogene Inhalte beziehen, die nicht akzeptabel erscheinen.

Beim *Übertragungswiderstand* kann sich der Patient nicht auf die therapeutische Beziehung einlassen, die Übertragung von neurotischen Anteilen aus früheren Beziehungen macht zu viel Angst.

Die vierzigjährige Patientin kommt aufgrund der Empfehlung eines Kollegen zu einer Einzeltherapie bei einem männlichen Therapeuten. Sie leide unter Konzentrationsproblemen und beschreibt ein Gedankenkreisen und übermäßige Schuldgefühle (»Ich kann das doch meinem Mann nicht antun«). Sie habe diese Beschwerden seit der Geburt ihres Kindes vor vier Jahren. Ein in jüngster Zeit erlebtes intimes außereheliches Ereignis, welches sie als enormes Fehlverhalten wahrnimmt, verstärkte die Symptomatik. Sie finde ihren Mann »einfach nicht mehr attraktiv« und hofft, mithilfe der Therapie sich über die eigenen Bedürfnisse klar zu werden (»Ich weiß einfach nicht, was ich will«) und das eigene Verhalten in Beziehungen verstehen zu lernen (»Fliehe ich vielleicht immer nur?«).

Die Therapie beginnt schwungvoll und deutlich erotisch aufgeladen, aber schon nach wenigen Stunden »dünnt« die Patientin die

Stunden aus, indem sie immer wieder Stunden absagt, sodass keine kontinuierliche Arbeit möglich ist. Der Versuch des Therapeuten, die Inszenierung in der Übertragungssituation anzusprechen, scheitert, und die Patientin bricht die Therapie nach 18 Stunden ab.

Aber auch Gefühle von Loyalität gegenüber wichtigen Bezugspersonen, wenn man eine Beziehung zum Therapeuten, zur Therapeutin eingeht, können eine Ursache des Übertragungswiderstands sein. So kann ein Loyalitätskonflikt im Sinne der OPD zu einem Übertragungswiderstand führen, insbesondere bei Kindern und Jugendlichen aus Trennungsfamilien (Seiffge-Krenke, 2013).

Der *Krankheitsgewinn* ist eine weitere Widerstandsform und verhindert, dass der Patient seine Symptome und die damit verbundenen Vorteile der »Krankenrolle« aufgibt. Freud unterscheidet zwischen primären und sekundären Krankheitsgewinnen, wobei erstere den Schutz des Status quo der Neurose und letztere die Vorteile aus der Krankenrolle umfassen. In »Und Nietzsche weinte« gibt Yalom (1994) ein anschauliches fiktives Beispiel für den sekundären Krankheitsgewinn. Nietzsche führt darin aus:

»Und mir drängt sich noch ein weiterer Vorzug meiner Krankheit auf, Doktor Breuer. Meine Krankheit führte zu meiner Entlassung aus dem Militär [...] Ich war sogar so verblendet, eine militärische Laufbahn in Betracht zu ziehen [...] Vor alledem hat mich meine Krankheit bewahrt [...] Und mir fallen noch im Reden weit bedeutsamere Aspekte ein, in welchen mir meine Krankheit dienlich war [...] Ich kehre der Universität Basel den Rücken. Ich führe ein Leben ohne Belastung, ich lehre nicht mehr, ich verwalte kein Vermögen, ich habe kein Heim, [...] kein zänkisches Eheweib, keine zu bändigenden Kinder« (Yalom, 1994, S. 121, 123).

Freud hatte den *Es-Widerstand* mit der »Klebrigkeit der Libido« in Verbindung gebracht und weist auf den *Wiederholungszwang* hin, also die Tendenz, die unbewussten neurotischen Konflikte zu wiederholen. Daher war es ihm auch so wichtig, diese bewusst zu machen und zu bearbeiten.

Über-Ich-Widerstände können aus dem Schuldbedürfnis (»Ich darf nicht gesund werden«) stammen, das hat Freud eindrucksvoll in der negativen therapeutischen Reaktion (Freud, 1923) und später in seinem Aufsatz »Die am Erfolge scheitern« (in Freud, 1916) demonstriert.

Greenson (1971/2008) betont, dass, unabhängig aus welcher Quelle der Widerstand stammt, die Widerstandsfunktion immer vom Ich vermittelt wird. Damit sind die strukturellen Voraussetzungen des Patienten auf dem Prüfstand. Der Widerstand hängt auch mit bestimmten Parametern des Settings zusammen. So wurde bereits erwähnt, dass Ermann (2014) den Widerstand als eine Verarbeitung der (klassischen) analytischen Situation sieht, die relativ stark Regression fördert und damit das Widerstandsverhalten des Patienten auf den Plan ruft. Auch von König (1995) wird der Widerstand gegen die freie Assoziation und das Bedürfnis des Patienten, die Kontrolle zu behalten, hervorgehoben. Vor allem zwanghafte Patientinnen und Patienten empfinden die Grundregel als Kontrollverlust.

Auch die Behandlungsfrequenz ist ein Aspekt, der unter Gesichtspunkten des Widerstandes rechtzeitig beachtet werden sollte. Strukturell beeinträchtigte Patienten vertragen möglicherweise eine höhere Behandlungsfrequenz nicht, weil dies ihren Angstpegel zu stark erhöht. Hier ist eher mit einem begrenzten Fokus und dem Aufbau von Struktur zu arbeiten (Rudolf, 2004).

4 Die Abwehrlehre: Ein Blick zurück und viele Kontroversen

Auch bei den Abwehrmechanismen hat das Ich eine wichtige Funktion, sind also die strukturellen Voraussetzungen des Patienten wichtig: Die Angst mobilisiert Abwehrmechanismen, das Ich beurteilt die Gefahr (dies wird in der Bewältigungsforschung als *Appraisal* bezeichnet, nach Lazarus, 1999). Letztendlich können alle Abwehrmechanismen vom Ich als Widerstand benutzt werden. Hier zeigt sich die Schwierigkeit, zwischen Abwehr und Widerstand zu trennen. Es sind keinesfalls synonym zu verwendende Begriffe, aber sie haben einen gemeinsamen Hintergrund, der in den Ich-Funktionen oder – aus heutiger Sicht – in den strukturellen Voraussetzungen begründet ist. Im Folgenden werden theoretische und methodische Weiterentwicklungen des Abwehrbegriffs innerhalb der Psychoanalyse anhand der Rezeptionsgeschichte nachgezeichnet.

4.1 Die Anfänge der Abwehrlehre bei Freud: Alles andere als klar

Im Laufe seines Schaffens veränderte Freud immer wieder seine Konzeptionen und sorgte bei seinen Lesern und Kritikern nicht selten für Verwirrung. So entwickelte er drei Triebtheorien und zwei Theorien des psychischen Apparates – und auch sehr unterschiedliche Vorstellungen, was die Abwehr angeht. Deutlich wurde schon bald, dass das Konzept der Abwehr immer zwei Bestandteile hat: eine Gefahr und eine schützende Funktion. Und: Im Abwehrverhalten lässt sich eine gewisse Abfuhr dessen erkennen, was abgewehrt wird.

Für Freud war Abwehr zunächst synonym mit Verdrängung (in den »Studien über Hysterie«, Breuer u. Freud, 1895), später formulierte er Abwehrvorgänge als »die psychischen Korrelate des Fluchtreflexes« (Freud, 1905a, S. 266). Die Abwehrprozesse sollen Unlust aus inneren Quellen verhüten und dienen der Regulierung, die aber aufgrund der Rigidität letztendlich schädlich ist – alle wesentlichen Bestimmungsstücke der Abwehr waren also schon zu Beginn enthalten.

Da Freud mehr an der Entstehung von Symptomen und an Triebaspekten interessiert war, vernachlässigte er die Erforschung der Abwehr. Die Abwehrmechanismen wurden zwar 1895 entdeckt, es dauerte aber noch zehn Jahre, bis sie von Freud differenziert und geordnet wurden. In »Der Witz und seine Beziehung zum Unbewußten« (Freud, 1905b) unterscheidet er sieben Abwehrmechanismen: Humor, Verzerrung, Verschiebung, Verdrängung, Unterdrückung, Phantasie und Isolierung.

In den folgenden Jahren ersetzt er den Begriff Abwehr meistens durch Verdrängung. In »Triebe und Triebschicksale« (1915) ordnet er die Verdrängung gleichberechtigt drei Abwehrmechanismen zu, nämlich Sublimierung, Verkehrung ins Gegenteil und Wendung gegen die eigene Person; später, in derselben Veröffentlichung, wird die Verdrängung mit der Abwehr durch Regression, Verschiebung und Reaktionsbildung in Beziehung gesetzt. Dreizehn Jahre später, in »Hemmung, Symptom und Angst« (1926), setzt Freud den Begriff der Abwehr wieder ein und definiert den Abwehrmechanismus der Verdrängung wiederum auf eine andere Weise:

»Ich habe den Begriff wiederaufgenommen, dessen ich mich zu Anfang meiner Studien vor dreißig Jahren ausschließlich bedient und den ich späterhin fallengelassen habe. Ich meine den des Abwehrvorganges. Ich ersetzte ihn in der Folge durch den der Verdrängung, das Verhältnis zwischen den beiden bleibt aber unbestimmt. Ich meine nun, es bringt einen sicheren Vorteil, auf den alten Begriff der Abwehr zurückzugreifen, wenn man dabei festsetzt, dass er die allgemeine Bezeichnung für alle die Techniken sein soll, deren sich das Ich in seinen eventuell zur Neurose führenden Konflikten bedient. [...] Diese Erfahrungen sind Grund genug, den alten Begriff der Abwehr wieder einzusetzen, der alle diese Vorgänge mit gleicher Tendenz – Schutz des Ichs gegen die Triebansprüche – umfassen kann, und ihm die Verdrängung als einen Spezialfall zu subsumieren« (Freud, 1926, S. 195–197).

Bereits 1915 waren also die meisten Abwehrmechanismen, die später Freuds Tochter Anna systematisierte, in Grundzügen von ihm beschrieben worden.

4.2 Abwehrmechanismen bei Anna Freud und Konzeptionen über frühe Abwehrmechanismen

Freud hat also sein Abwehrkonzept immer wieder verändert und zu gehöriger Verwirrung beigetragen. Erst seine Tochter Anna legte 1936 in »Das Ich und die Abwehrmechanismen« die erste Systematisierung und Beschreibung von 14 Abwehrmechanismen vor. Sie greift zunächst die zehn Abwehrmechanismen auf, die Freud 1915 zusammenstellte (Verdrängung, Regression, Reaktionsbildung, Isolierung, Ungeschehenmachen, Projektion, Introjektion, Wendung gegen die eigene Person, Verkehrung ins Gegenteil und Sublimierung). Später beschreibt Anna Freud weitere Formen von Abwehrtätigkeiten des Ichs: die Intellektualisierung und die Pubertätsaskese, die in der Adoleszenz aus Angst des Ichs vor einer überstarken Triebstärke auftreten. Darüber hinaus erwähnt sie zwei weitere Mechanismen, die sich aus den von ihrem Vater schon aufgeführten zusammensetzen, sozusagen als kombinierte Formen von Abwehrtätigkeiten: die Identifikation mit dem Aggressor und die altruistische Abtretung. Diese erste Übersicht, die alle bis dahin festgestellten Abwehrmechanismen der Reihenfolge nach aufführt und mit Beispielen versieht, stellt noch heute ein Standardwerk dar, das nicht wesentlich verbessert und ergänzt wurde.

Der abgewehrte Inhalt, also der Gegenstand von Abwehrmechanismen, wurde später erweitert. Es ging nicht mehr nur um eine

Triebabwehr (was einer intrapsychischen Abwehr entspricht), sondern auch, in der Folge der Objektbeziehungstheorie, um eine interpersonale Abwehr (Mentzos, 1976). Des Weiteren werden aus heutiger Sicht Abwehrprozesse in Gang gesetzt, wenn die Sicherheit einer Person oder das narzisstische Gleichgewicht bedroht ist (Körner, 2013; Küchenhoff, 2014). Im Zuge der theoretischen Weiterentwicklung innerhalb der Psychoanalyse und der klinischen Arbeit mit Patienten mit »frühen Störungen« wurde deutlich, dass die Abwehrformationen von Patienten mit strukturellen Defiziten andere sind als bei neurotischen Patienten, die Freud und seine Tochter Anna behandelten.

Dazu wurde im Jahre 1989 an der Hebräischen Universität in Jerusalem eine Konferenz abgehalten, die ausschließlich der Konzeptualisierung und klinischen Arbeit in Bezug auf Projektion, Identifizierung und projektive Identifizierung gewidmet war. Teilnehmer waren unter anderen Joseph Sandler, Otto Kernberg und Betty Jones (Sandler, 2004). Sandler unterschied drei Stadien der Entwicklung des Konzepts der projektiven Identifizierung: Das Konzept wurde zunächst abgelehnt, da man es nur mit Melanie Klein in Verbindung brachte. Zwar hatte Melanie Klein (1946) frühe Spaltungsmechanismen bei Patienten als analog zu den ersten Ordnungsgebungen beim Baby beschrieben, doch war es erst Paula Heimann, die auf dem Budapester Kongress 1960 den Mechanismus der projektiven Identifizierung genauer analysierte. Im dritten Stadium wurde die Analyse der Gegenübertragung zum Verständnis dieses Abwehrmechanismus herausgestellt. Sandler betont, dass das Hauptziel sei, Kontrolle über das Objekt zu haben.

Otto Kernberg differenziert zwischen Projektion und projektiver Identifizierung. Die projektive Identifizierung umfasst Versuche, das Objekt zu kontrollieren (so wie man früher diese Anteile im Selbst kontrolliert hat). Er hält die Projektion für den reiferen Mechanismus, was im Kontrast zu Befunden von einigen empirischen Studien steht, die später geschildert werden. Wie kompliziert das Konzept der Spaltung ist, hat Blass (2013) beschrieben. Die verschiedenen Subformen der Spaltung haben unterschiedliche therapeutische Konsequenzen. Die frühen Abwehrformationen der Spaltung, Projektion und projektiven Identifizierung werden uns noch aus klinischer Sicht in Kapitel 8.4 beschäftigen.

4.3 Abwehr: Klinisch bedeutsam – aber viele Kontroversen

Das Konzept der Abwehr zählt demnach historisch zu den ältesten Konstrukten der Psychoanalyse und hat eine breite Anerkennung erfahren. Ungeachtet dieser großen Bedeutung werden Abwehrmechanismen sehr kontrovers diskutiert und es bestehen viele Meinungsverschiedenheiten zu den folgenden Fragestellungen:

a) Wie viele?
Wie viele Abwehrmechanismen existieren und wie sie benannt und definiert werden sollen, ist Anlass für Kontroversen. Obwohl Freud nur zehn Abwehrmechanismen benennt, bemerkte Vaillant (1971), dass Freud 17 verschiedene Formen verwendete. Anna Freud beschreibt 14, Vaillant (1971) 18 und Karl König (1997) 24 Abwehrmechanismen, wobei er die Klassifikationen von Freud, Anna Freud und Melanie Klein integriert. Laughlin (1979) benennt sogar 51 Abwehrmechanismen! Ist das alles Abwehr? Hier deutet sich schon an, dass Verarbeitungsformen von Belastungen genannt wurden, also auch Bewältigung (»Coping«), und beileibe nicht nur Abwehr.

b) Welche inhaltlichen Kategorien?
Neben der verwirrenden Vielfalt sind insbesondere Versuche von empirischen Forschern zu nennen, eine Zuordnung von Abwehrmechanismen nach verschiedenen thematischen Clustern vorzunehmen. Neben der Klassifizierung nach psychopathologischen Störungsbildern existieren Einteilungen nach unterschiedlichem Strukturniveau sowie nach dem Ausmaß verschiedener Arten von Angstreduktion (vgl. Kollmar, 2003).

c) Bewusst oder unbewusst?
Freud und Anna Freud gingen davon aus, dass Abwehrmechanismen unbewusste Prozesse darstellen. Für andere Autoren hängt die Frage nach der Bewusstheit damit zusammen, ob der bewusste Copinganteil oder der unbewusste Abwehranteil überwiegt (Haan, 1977). Benjamin (1995) weist darauf hin, dass auch früh entstandene Abwehrmechanismen später reflektiert werden können, also durchaus bewusstseinsnah sein können. Davon geht man in der Behandlung aus, denn wir deuten oder benennen den Abwehrvorgang, wenn er auf der bewussten oder vorbewussten Ebene angekommen ist.

d) Adaptiv oder maladaptiv?
Ob Abwehrmechanismen adaptive oder maladaptive Auswirkungen haben, war schon früh eine wichtige Frage. Schon Freud hat zwischen reifen und unreifen Abwehrformen unterschieden. Für Anna Freud waren der Auftretenszeitpunkt (zeitlicher Faktor), die Intensität (qualitativer Faktor) und die Balance (quantitativer Faktor) entscheidend. Diese Ideen wurden später in anderen therapeutischen Richtungen und insbesondere in der Forschung aufgegriffen (Benjamin, 1995).

f) Hierarchisch ordnen?
Kann man Abwehrmechanismen einteilen, etwa nach primitiven und reifen Abwehrmechanismen oder nach Einfachheit versus Strukturiertheit, guter versus schlechter Anpassung, wie bei Vaillant (1992)? In der Psychoanalyse ging man zunächst davon aus, dass unreifere Abwehrmechanismen eingesetzt werden, wenn reifere versagt haben. Andere Autoren wie Kernberg (1988) und Ehlers (2014) unterscheiden neurotische, Borderline- und psychotische Abwehrformationen. Auch in der OPD wird die Unterscheidung nach dem Integrationsniveau zur Differenzierung nach verschiedenen Niveaus der Abwehr benutzt.

g) Störungsspezifisch?
Bei dieser Frage werden spezifische Abwehrprozesse mit psychopathologischen Störungsbildern in Verbindung gebracht. In seiner klini-

schen Arbeit hat Freud der Hysterie die Verdrängung und Regression sowie der Zwangsneurose die Isolierung, das Ungeschehenmachen und die Intellektualisierung zugeordnet. Weitere Zusammenhänge wurden in der neueren Literatur aufgegriffen: Während beispielsweise der Abwehrmechanismus der Projektion mit paranoidem Verhalten bei schizophrenen Patienten zusammenhängt, fällt bei Borderline-Patienten der häufigere Gebrauch der projektiven Identifikation, Spaltung und Abwertung auf (vgl. Kollmar, 2003). Der Aspekt der Störungsspezifität ist jedoch eng mit der Frage der Hierarchisierung verbunden.

h) Objektiv, valide und reliabel messbar?
Die Frage, ob es psychometrisch möglich ist, Abwehrmechanismen zu erfassen, und welche Verfahren es gibt, hat die Forschung beschäftigt. Sollten Abwehrmechanismen auf der unbewussten Ebene funktionieren, ist eine Erfassung in Form von Selbstauskünften der Patienten nicht ratsam. Dennoch gibt es zahlreiche Selbsteinschätzungsinstrumente; demgegenüber ist eine Erfassung über projektive Verfahren sinnvoller, aber seltener erfolgt (Kollmar, 2003). Hinzu kommt die Uneinigkeit in der Differenzierung der Abwehrmechanismen, die sich auf die Operationalisierung auswirkt. Dies spiegelt sich nach Cramer (1991) in über 58 (!) Abwehrmessverfahren wider.

5 Der Blick auf die Ressourcen: Von der Abwehr zur Bewältigung

Damit ist schon deutlich geworden, dass im Zuge der empirischen Überprüfung von Konstrukten der Psychoanalyse das Abwehrkonstrukt Modifikationen erfahren hat, unter anderem durch die Zielsetzung, Abwehrprozesse empirisch zu erfassen und insbesondere die Veränderung von Abwehrformationen durch Therapie zu belegen. Nun soll uns beschäftigen, wie aus der Abwehrlehre die Bewältigungsforschung entstand und welchen Gewinn Therapeutinnen und Therapeuten von einer integrativen Sicht haben. Dies wird notgedrungen schlaglichtartig geschehen, denn die umfangreiche empirische Forschung hat sich teilweise sehr von dem entfernt, was wir klinisch als Abwehrformationen kennen.

5.1 Ressourcenorientierung und eine positive Sicht auf die Abwehr

Die zuvor beschriebenen Abwehr- und Widerstandsphänomene sind bedeutsame Bewältigungsleistungen des Patienten, der Patientin. Sie geben uns wertvolle Hinweise auf die strukturellen Voraussetzungen des Patienten, so etwa seine Fähigkeit zur Emotionsregulierung. Angestoßen durch die bedeutsamen Ansätze von Hobfoll (1989) ist die Ressourcenorientierung in neueren psychodynamischen Ansätzen immer wichtiger geworden. Es wurde offenkundig, dass Stressoren ubiquitär sind, dass es aber die Bewältigungsleistung des Betroffenen ist, also seine Fähigkeit, mit den Belastungen umzugehen, die letztendlich entscheidend dafür ist, ob Symptome entstehen oder nicht.

Das passt zu Veränderungen im therapeutischen Vorgehen, die mit der intersubjektiven Wende zusammenhängen: Lösungsorientierte Therapieansätze, aber auch die imaginative Traumatherapie integrieren Ressourcen des Patienten. In der Verhaltenstherapie und in den Ansätzen zum Wohlbefinden geht es weniger um Störungen als um das, was der Patient kann und was man ausbauen und stärken sollte. Das Verhältnis von Störungsorientierung zu Ressourcen hat sich in den letzten Jahren verschoben. Nach einer ersten Studie in den 1990er Jahren zeigte eine Übersicht über zehn Jahre später (Flückinger u. Regli, 2007) eine bessere Balance zwischen Problemen und Ressourcen (von 20:1 zu 5:1).

Auch in den psychodynamischen Ansätzen ist man immer noch mit der Entstehung von Störungen (Ätiopathologie) beschäftigt, aber man fokussiert zunehmend auf die Ressourcen des Patienten. Dies zeigt sich bereits in der Diagnostik, wo bei der OPD-E-2 (Arbeitskreis OPD-E-2, 2006) und der OPD-KJ-2 (Arbeitskreis OPD-KJ-2, 2013) auf der Achse *Behandlungsvoraussetzungen* sowohl die sozialen als auch die internalen Ressourcen – und dazu zählen auch Abwehrfähigkeiten – eingestuft werden. Unabhängig davon können etwa auf der Achse *Konflikt* konfliktfreie Bereiche (z. B. der gesamte außerfamiliäre Beziehungsbereich bei Kindern und Jugendlichen, also Schule, Beziehungen zu Freunden) eingestuft werden, die somit als Ressourcen anzusehen sind (Seiffge-Krenke et al., 2014). Auf der Achse *Struktur* schließlich können auf der Dimension *Steuerung* zahlreiche strukturelle Fähigkeiten eingeschätzt werden, die für die Abwehr bedeutsam sind, etwa die Impulssteuerung, Kenntnis von Steuerungsinstanzen, Affekttoleranz und die Selbstwertregulation bei Kindern und Jugendlichen (Arbeitskreis OPD-KJ-2, 2013). Bei Erwachsenen ist besonders hervorzuheben, dass die *Steuerungsfähigkeit* die Selbstregulierung und die Regulierung des Objektbezugs umfasst (Arbeitskreis OPD-E-2, 2006). Eine gute Steuerungsfähigkeit des Patienten ist also als eine Ressource anzusehen.

Auch in dem Bericht an den Gutachter werden Ressourcen genannt, ist eine Balance zwischen neurotischen Einschränkungen, strukturellen Defiziten und Ressourcen von Bedeutung. Anträge über eine ambulante psychodynamische Therapie von Patientinnen und Patienten, die über viele chronifizierte Symptome und nur wenig Ressourcen verfügen, werden häufiger vom Gutachter abgelehnt (Seiffge, 2015). In der Strukturbezogenen Psychotherapie (Rudolf, 2004) ist die Abwehrleistung des Patienten eindeutig positiv konnotiert und sollte vom Therapeuten auch so vermittelt werden (»Positivierung der Abwehr«), wie im Kapitel 8.2 erläutert. Es wird sogar darauf hingewiesen, dass strukturelle Störungen durch Charakterabwehr bewältigt werden können. So führt Rudolf aus, dass angesichts struktureller Defizite im Herstellen und Halten von Beziehungen narzisstische oder schizoide Abwehrformationen regelrechte Reparationsversuche darstellen.

5.2 Annektierungen des Abwehrbegriffs in anderen Therapierichtungen

Wie dargestellt, handelt es sich beim Widerstand und bei den Abwehrmechanismen um historisch alte Konstrukte, die sehr komplex sind und im Laufe der hundertjährigen Geschichte der Psychoanalyse viele Veränderungen und Spezifizierungen erfahren haben. Beide Begriffe werden oftmals in anderen Therapieansätzen nicht nur als grobe Deskription für alles Mögliche (meist Therapiehinderliche) verwendet, sondern vielfach auch synonym, ohne dass der konzeptuelle Unterschied deutlich wird. In der Tat unterscheiden sich beide Konzepte nicht nur in ihrer psychoanalytischen Definition und ihrer klinischen Bedeutung, sondern haben unterschiedliche Interventionen im Kontext einer psychodynamischen Therapie zur Folge, wie noch zu zeigen sein wird. Gegenwärtig werden beide Konzepte vielfach in anderen Therapierichtungen annektiert (z. B. in der Verhaltenstherapie, der Schematherapie), häufig nur als bloße Sprachhülsen, ohne dass diese Differenzierungen berücksichtigt werden und ihre unterschiedliche klinische Relevanz gesehen und umgesetzt wird.

Wenn konzeptuelle Beschreibungen vorgenommen werden, wird die »Anleihe« aus der Psychoanalyse häufig verschwiegen. Dazu gibt es viele Beispiele. In der Schematherapie nach Young, Klosko und Weishaar (2005) wird etwa auf Bewältigungsstile eingegangen. Die maladaptiven Bewältigungsstile dienen letztlich der Aufrechterhaltung des Schemas; sie wirken im Allgemeinen unbewusst. Die Formulierung »Bewältigungsstile sind zur Zeit der Kindheit gewöhnlich angemessen und adaptiv, und man kann sie als gesunde Überlebensmechanismen ansehen. Maladaptiv werden sie, wenn das Kind älter wird, weil sie das Schema dann erhalten, obwohl die Lebenssituation sich verändert hat [...]. Maladaptive Bewältigungsstile halten Patienten letztlich in ihren Schemata gefangen« (Young et al, 2005, S. 68) greift fast wortwörtlich Anna Freuds (1936/1980) Definition der Adaptivität von Abwehrmechanismen auf. Benecke (2015) versucht, die verschiedenen Regulationsmechanismen schulenübergreifend zu systematisieren.

5.3 Von Freud zu Lazarus: Wie aus der Abwehrlehre die Copingforschung entstand

Die Bewältigungsforschung ist sehr umfangreich. Es gibt viele Studien in den letzten fünfzig Jahren, deren Darstellung den Rahmen dieses Buches sprengen würde, sowohl in Bezug auf Erwachsene (vgl. z. B. zusammenfassend Lazarus, 1991; Lazarus, 1999; Heinrichs, Stächele u. Domes, 2015) als auch in Bezug auf Jugendliche (vgl. zusammenfassend Seiffge-Krenke, 1995; Seiffge-Krenke, 2011; Persike u. Seiffge-Krenke, 2015). Dennoch ist ein kurzer Blick darauf sinnvoll, weil hier wiederum Abwehr und Widerstand in der Forschungsgeschichte sichtbar werden, vor allem aber, weil es sinnvoll ist, eine integrative Sicht auf den Patienten, die Patientin zu gewinnen und auch deren Bewältigungsleistung anzuerkennen.

Es dauerte ziemlich lange, bis die Psychologie einen so wichtigen Mechanismus wie die Abwehr in ihr Forschungskonzept aufnahm.

Die Forschung über die Bewältigung von Stressoren, die Bewältigung psychischer und körperlicher Erkrankungen (Copingforschung) begann als Forschung über Abwehrprozesse, aber mit einem neuen Namen: Abwehr wurde in der Psychologie erst salonfähig, als sie unter dem Namen »Coping« = Bewältigung auftrat. Man hatte schon länger die gesundheitlichen Folgen von belastenden Ereignissen (Critical Life Events, Traumata) bemerkt, aber es dauerte ziemlich lange und es waren konzeptuelle »Umwandlungen« notwendig, damit das Konzept akzeptiert wurde.

Das zeigt sich am deutlichsten an der Operationalisierung dessen, was mit »Coping« gemessen wurde: Die *Ways of Coping Checklist* (WCCL), die auf der »Stress and Coping Theory« von Lazarus und Folkman (1984) basiert und in einer deutschen Version vorliegt, enthält 66 »Coping«-Items, von denen eine ganz erhebliche Anzahl Abwehrmechanismen beschreiben (wie Ablenken, Verdrängen, Vergessen, Bagatellisieren, Vermeiden, Verleugnen oder Rückzug). Ähnlich verhält es sich mit dem *Cope Inventory* von Carver et al. (1989), der in deutscher Übersetzung und Adaptierung verwendet wird und bei dem sieben der sogenannten Copingskalen Abwehrstile (wie Verdrängen, Ablenken, Verleugnen, Unterdrücken) umfassen.

Erst in anglisierter Form (als »Coping«) wurden also klassische Abwehrmechanismen akzeptabel und als Forschungsgegenstand aufgegriffen. Im Gegensatz zu früheren Stresstheorien ging Lazarus (1991) davon aus, dass nicht die (objektiven) Bedingungen für die Stressreaktion von Bedeutung sind, sondern deren (subjektive) Bewertung durch den Betroffenen. In seinem transaktionalen Stressmodell differenziert Lazarus die Belastungen (*primary appraisal –* challenge, threat, loss) und beschreibt den Copingprozess als Folge von kognitiven Operationen, zu denen auch eine Prüfung gehört, ob die eigenen Copingressourcen ausreichen *(secondary appraisal)*. Wenn die Ressourcen als nicht ausreichend erlebt werden, wird eine Stressreaktion ausgelöst. Der Umgang mit dieser Bedrohung wird Coping genannt. Es setzen dann Verhaltensweisen ein wie Aggression, Flucht, Verhaltensalternativen oder Verleugnung der Situation.

Im dritten Schritt wird der Erfolg der Bewältigungsstrategie bewertet *(Reappraisal)*, um eine dynamische Anpassung an die neue Situation zu gewährleisten.

Von großer Bedeutung für die Forschung war, dass Lazarus drei Arten der Stressbewältigung, das problemorientierte, das emotionsorientierte und das bewertungsorientierte Coping, unterscheidet. Beim problemorientierten Coping versucht das Individuum, durch Informationssuche, direkte Handlungen oder auch durch Unterlassen von Handlungen Problemsituationen zu lösen. Beim emotionsorientierten Coping wird versucht, die durch die Situation entstandene emotionale Erregung abzubauen; in den Klassifikationen dieser »Copingform« tauchen viele klassische Abwehrmechanismen auf. Das Hauptziel beim bewertungsorientierten Coping liegt schließlich darin, eine Belastung eher als Herausforderung zu sehen, weil so Ressourcen frei werden, um angemessen zu reagieren.

In der Regel werden mehrere Bewältigungsformen kombiniert, aber es herrschte lange Zeit in der Copingforschung das Dekret, dass problemorientiertes Coping »gut« und emotionsfokussiertes Coping »schlecht« sei. Allerdings bestätigte die nachfolgende Forschung, dass Umdeuten, Verdrängen, Verleugnen oftmals ganz hilfreich sind. Man fand beispielsweise, dass Krebskranke, die die reale Todesgefahr verleugnen und sich compliant mit den medizinischen Anweisungen verhalten, eine bessere Überlebenschance haben. Auch der optimistische Fehlschluss (Ältere überschätzen ihre Gesundheit, und diese zu positive Sicht – oder Verleugnung und Bagatellisierung von Krankheit – führt zu Langlebigkeit) ist ein Beispiel für die positive Wirkung von Abwehr.

Lazarus (2000) hat übrigens zwei Jahre vor seinem Tod bemerkt, dass es unglücklich war, emotion-focused und problem-focused gegeneinander aufzurechnen, denn meistens arbeiten beide zusammen, und das ist auch sinnvoll.

5.4 Abwehr und Bewältigung – ein integratives Modell

Dass die Abwehr eine Bewältigungsleistung ist, ist nicht neu für die Psychoanalyse. Die Abwehrtheorie Sigmund Freuds und seiner Tochter Anna ist integrativer Bestandteil der Konflikttheorie, in der die Dynamik aus einem Widerstreit psychischer Interessen entspringt, die vom Ich nicht mehr angemessen bewältigt werden können und zur Produktion von Symptomen führen. Insofern ist bereits die Produktion eines Symptoms eine adaptive Bewältigungsleistung. Freud hat sie als eine Kompromissbildung beschrieben, die alle Instanzen befriedigt, aber lebenseinschränkend ist. Auch Anna Freud hat in ihrer Theorie der Abwehr immer betont, dass die Abwehr nicht per se pathologisch ist, sondern zugleich Voraussetzung für die Charakterbildung. Gemäß ihrer Konzeption sind der Auftretenszeitpunkt, die Intensität und die Frage, wie variabel die Abwehrformationen eingesetzt werden, entscheidend. Auch in dem folgenden Zitat wird die integrative Sicht deutlich:

»Unter Abwehr verstehen wir alle intrapsychischen Operationen, die darauf abzielen, unlustvolle Gefühle, Affekte, Wahrnehmungen etc. vom Bewusstsein fernzuhalten bzw. sie ›in Schach zu halten‹. […] Wir begreifen sie heute als habituelle, unbewusst ablaufende Vorgänge, die zwar primär Ich-Funktionen mit Schutz- und Bewältigungsaufgaben darstellen, die jedoch im Rahmen der neurotischen Konfliktverarbeitung letztlich dysfunktional werden« (Mentzos, 1984, S. 60).

Sind also Abwehr oder Bewältigung zwei Seiten einer Medaille? Was unterscheidet Coping und Abwehr? Viele Autoren, so Cramer (2007) und Haan (1977), unterscheiden zwischen Coping als bewusster, intentionaler, meist adaptiver Verarbeitungsform und Abwehr als eher unbewusster, unintentionaler und potenziell maladaptiver Form. Aber: Auch die Langzeitnutzung immer desselben Copingstils kann maladaptiv sein, das zeigt sich insbesondere bei den geschlechtsspezifischen Verarbeitungsformen (Seiffge-Krenke u. Persike, 2016), während die kurzzeitige Nutzung eines Abwehrmechanismus (wie Verleugnung, Verdrängung) adaptiv sein kann (Lazarus, 2000).

Die Faustregel ist: Immer derselbe Abwehrmechanismus, der über längere Zeit, über verschiedene Probleme angewendet wird, macht ihn letztendlich maladaptiv! Hinzukommen noch strukturelle Voraussetzungen, die zu bedenken sind. Von Norma Haan (1977) stammt die sehr sinnvolle Aussage: Eine Person wird bewältigen, wenn sie kann, abwehren, wenn sie muss, und fragmentieren, wenn sie dazu gezwungen ist.

In der klinischen Arbeit ist man zwar immer noch stark auf Modelle der Störungsentstehung »programmiert«, wie auch in dem Bericht an den Gutachter in Form der Psychodynamik deutlich wird, es ist aber zu einer veränderten therapeutischen Haltung (Groß, Stemmler u. de Zwaan, 2012) gekommen. Der Erfolg einer Psychotherapie hängt heute unter anderem davon ab, inwieweit es gelingt, die vom Patienten mitgebrachten Ressourcen für therapeutische Zwecke zu aktivieren. Gerade die Arbeit an den Ressourcen ist ein wichtiger Bestandteil und unbedingt notwendig, wenn man mit Widerstand und Abwehr umgehen will. Zu diesem Zweck muss »das Problem« sehr genau angeschaut werden, und bestimmte Emotionen, Befürchtungen, die mit Vermeidungstendenzen zusammenhängen, müssen spürbar gemacht werden, damit sie veränderbar werden.

Wir können erste Schlussfolgerungen für die klinische Arbeit ziehen, die dann in Kapitel 7 und 8 vertieft werden:
- Ein integratives Modell von Abwehr und Bewältigung ist grundlegend.
- Der situative Kontext ist zu beachten (was genau ist das Problem?).
- Wie viel Bewältigung kann, wie viel Abwehr muss der Patient leisten?
- Wo sind positive Ressourcen und wo wird es lebenseinschränkend?
- Gleichverteilung der Aufmerksamkeit auf die Probleme und Ressourcen.

Während der Widerstand eher im psychotherapeutischen Kontext zu finden ist, in dem der Patient versucht, sein Krankheitsbild aufrechtzuerhalten, bedient sich das Individuum der Abwehrmechanismen in sämtlichen heraus- und überfordernden Situationen des Lebens, so denn auch in der Interaktion innerhalb einer therapeutischen Intervention. Die Abwehrmechanismen beschreiben kognitive, emotionale und motorische Reaktionen; der Widerstand kann sich unterschiedlicher Abwehrmechanismen bedienen, um das Alte, das Infantile, das Vertraute gegen Aufdeckung und Veränderung zu verteidigen.

Es ist deutlich geworden, dass bei der Arbeit an Abwehr und Widerstand zunächst Ressourcenaktivierung notwendig ist, bevor konkrete Interventionen möglich sind. Hinzukommen wichtige Informationen aus der Gegenübertragung des Therapeuten (vgl. Kapitel 8).

6 Entwicklung von Abwehrmechanismen und ihre Veränderung durch Therapie

Bei den zuvor geschilderten Kontroversen zum Abwehrbegriff fiel auf, dass die Reife ein Aspekt ist, der bei der Einschätzung von Abwehrmechanismen von Bedeutung ist. Ferner wurde vermutet, dass durch Therapie unreife Formen der Abwehr durch reifere ersetzt werden. Diese beiden Fragestellungen sollen im Folgenden durch empirische Studien untermauert werden.

6.1 Abwehr aus entwicklungspsychologischer Perspektive

Die entwicklungspsychologische Perspektive von Anna Freud ist geprägt von der Annahme, dass Abwehrprozesse sich im Laufe der Zeit verändern. Sie ist eng mit der Frage nach der Pathologie verknüpft. Für Anna Freud ist Verleugnung zu einem frühen Stadium in der kindlichen Entwicklung gleichsam normal, im späteren Leben dagegen eher ein Ausdruck von Pathologie. Nach der Theorie von Melanie Klein (1946) sind Spaltung und Projektion frühe Ordnungsversuche. Die erste Objektbeziehung ist eine Teilobjektbeziehung; durch Projektion und Introjektion werden allmählich Selbst- und Objektrepräsentanzen aufgebaut. Ein weiterer Hinweis für die Verankerung von Abwehrmechanismen in bestimmten Entwicklungsphasen ist die Annahme Freuds von der Latenz als Entstehungsphase der Sublimierung. Schließlich bleibt daran zu erinnern, dass Anna Freud die Askese und Intellektualisierung bei Jugendlichen als typische Abwehrformationen dieser Entwicklungsphase angesehen hat, die durch den zunehmenden Triebdruck ausgelöst werden.

Dass also Entwicklungsniveau und Abwehrformation zusammenhängen, war demnach schon früheren analytischen Theoretikern aufgefallen. Cramer (2007) hat dies nun in jüngster Zeit empirisch untersucht – anhand der drei Abwehrmechanismen Verleugnung, Projektion und Identifikation. Von der Theorie her ist Verleugnung unreif, kognitiv einfach und charakteristisch für jüngere Kinder. Projektion ist komplexer und wird eher von älteren Kindern benutzt. Am komplexesten ist Identifikation und sollte – so sieht es die Theorie vor – der Adoleszenz zugeordnet werden. Insgesamt 14 Querschnittstudien sind dazu durchgeführt worden, und tatsächlich erwies sich Verleugnung als der dominante Abwehrmechanismus in der frühen Kindheit (vier bis sieben Jahre), die Verwendung von Projektion war am häufigsten zwischen acht und 16 Jahren und Identifikation trat in der Altersstufe 17 bis 18 Jahre am häufigsten auf. Zusammengenommen heißt dies: Projektion ist reifer als Verleugnung und Identifikation ist reifer als Projektion.

Noch deutlicher wurde der Entwicklungsverlauf in einem Kohortenlängsschnitt, in dem Cramer (1991) Kinder von sechs Jahren bis zum Alter von neun Jahren regelmäßig untersuchte. Es zeigte sich eine signifikante Abnahme von Verleugnung, ab dem Alter von acht Jahren trat Projektion häufiger auf. Identifikation wurde im Alter von sechs Jahren eher selten, aber bis zum Alter von neun Jahren etwas häufiger benutzt, jedoch immer noch seltener als Projektion. In einer weiteren Studie dehnte Phebe Cramer (2012) die Altersspanne auf 18 bis 38 Jahre aus, um zu sehen, ob Ältere kognitiv komplexere Abwehrmechanismen benutzen. Allerdings zeigte sich da: Identifikation nimmt zum Erwachsenenalter hin ab und scheint daher eher für die Adoleszenz zu gelten.

Verschiedene Abwehrmechanismen sind demnach zu bestimmten Phasen der Entwicklung dominant, das hängt damit zusammen, dass unterschiedliche kognitive Fertigkeiten (im Sinne von Piaget) für bestimmte Phasen charakteristisch sind. Jeder Abwehrmechanismus hat sozusagen seine eigene »Laufzeit«, mit einem Anstieg und dann wieder Abstieg und dem Hervortreten anderer Abwehrmechanismen.

Cramer beschreibt auch, dass die Benutzung eines Abwehrprinzips zurückgeht, wenn es »verstanden« wurde (Cramer u. Brilliant, 2001).

6.2 Veränderung der Abwehr durch Therapie

Es gibt einige Belege dafür, dass psychodynamische Therapie die Abwehr verändert – was ja eigentlich Ziel ist. In der Studie von Perry und Bond (2012) ging es um die Frage »Werden unreife, maladaptive Abwehrmechanismen durch reifere, adaptive ersetzt im Laufe einer Therapie?«. Dazu untersuchten sie depressive Patienten während einer Langzeittherapie (2,5 Jahre) und im Follow-up nach fünf Jahren. Das niedrigste Abwehrlevel (action = Agieren) ging zurück und das höchste, adaptivste Level (affiliation, altruism, anticipation, self-assertion, self observation, sublimation, suppression) nahm zu. Auch wenn man sich fragen mag: »Soll das alles Abwehr sein?«, war wirklich eingetreten, was die Theorie postuliert: Unreife Abwehrmechanismen waren am Ende der Therapie durch reifere, adaptivere Formen ersetzt worden. Zunächst aber führte die Reduktion der maladaptiven Formen dazu, dass mehr neurotische Abwehrmechanismen (hysterische und zwanghafte Abwehr) auftraten. Was noch wichtiger war: Erfahrungen von Missbrauch und Misshandlung in der Vorgeschichte der Patientinnen und Patienten führten zu einem sehr viel langsameren Veränderungsprozess. Es brauchte viel länger, bis maladaptiven Formen wie Agieren aufgegeben werden konnten und durch neurotische und schließlich adaptive Formen ersetzt wurden. Dass Personen mit unreifen Abwehrformationen besonders von der Therapie profitierten, belegt auch die Studie von Nickel und Egle (2005) an Patienten einer psychosomatischen Klinik. Nach einem Jahr waren die Effekte der Gruppentherapie noch stabil.

In einer früheren Studie untersuchten Bond und Perry (2004), ob Patienten mit Angststörungen oder Depression sich durch eine Langzeittherapie in ihren Abwehrstilen verändern und ob diese Veränderung auch mit einer Symptomreduktion einhergeht. Interessant war, dass in einem Zeitraum von drei Jahren der maladaptive Abwehrstil ab und die adaptive Abwehr zunahm. Diese Veränderungen in der Abwehr erklärten einen relativ hohen Anteil im Rückgang der Symptombelastung, nämlich 21 Prozent. Diejenigen Patientinnen und Patienten, die vorher sehr maladaptive Abwehrstile hatten, profitierten am meisten. Dass eine stabile Veränderung eingetreten war, bestätigte das im vierten Jahr gemessene Follow-up. Offensichtlich spielt auch die Länge der Therapie eine Rolle: In einer früheren Studie, in der die Therapie nur sechs Monate betrug, zeigten sich keine signifikanten Veränderungen.

Allerdings muss man generell bedenken, dass die Abnahme in den Abwehrmechanismen nicht linear ist. So stellten Diehl et al. (2014) in einer sich über zwölf Jahre erstreckenden Studie fest, dass Regression und Verschiebung über die Zeit abnahmen, Sublimation und Suppression dagegen zunahmen. Im höheren Erwachsenenalter nahm aber Regression wieder zu und Intellektualisierung ab, vermutlich bedingt durch den kognitiven Abbau.

Die Forschung hat ebenfalls beschäftigt, wie Abwehrmechanismen und Ressourcennutzen zusammenhängen. Malone, aus der Arbeitsgruppe um Vaillant, hat die Zusammenhänge zwischen adaptiven Abwehrmechanismen und genereller Gesundheit im hohen Erwachsenenalter untersucht (Malone, Cohen, Liu, Vaillant u. Waldinger, 2013). Dabei ging es um die Frage, ob eine adaptive Abwehr bessere spätere Gesundheit vorhersagen kann oder ob es die soziale Unterstützung ist, die zur Reduktion von Krankheitssymptomen führt. Die Fähigkeit, sich Hilfe zu holen, war wichtig und führte beispielsweise zu niedriger Mortalität bei Krebspatienten sowie bei kardiovaskulären Erkrankungen (Vaillant, 1992). Die Studie von Malone et al. (2013) bestätigt, dass reifere Abwehrmechanismen dazu führen, dass mehr soziale Unterstützung gesucht wird, was zu besserer Gesundheit im hohen Lebensalter beiträgt; 12 Prozent der besseren Gesundheit im hohen Erwachsenenalter (> siebzig Jahre) wurden durch die adaptive Abwehr vorhergesagt. Insgesamt waren also Ansprechen und Bearbeiten von Abwehrmechanismen in Verbindung mit Unterstützung hilfreich, vor allem aber: Die Veränderungen brauchen Zeit.

7 Klinische Arbeit mit dem Widerstand

In diesem Buch wurde auf die sehr unterschiedlichen Merkmale und Typen von Widerstand und Abwehrmechanismen hingewiesen. Sie haben auch behandlungstechnisch unterschiedliche Konsequenzen, wie in den folgenden Kapiteln erläutert wird.

7.1 Widerstand und Regulation der Nähe der Beziehung zum Therapeuten

Was den Widerstand angeht, wurden zwei besondere Merkmale hervorgehoben: Der Widerstand schützt den Status quo der Neurose – entsprechend nimmt er zu, wenn man dem »Kern des Problems näher kommt« –, und er reguliert die Nähe der Beziehung zum Therapeuten. Im Rahmen der Erhaltung des Status quo reinszeniert der Patient, die Patientin eine frühere Beziehungskonstellation. Da die meisten Patienten Beziehungsprobleme haben und im analytischen Setting frühe Erfahrungen auf den Therapeuten oder die Therapeutin übertragen werden, ist es einleuchtend, dass die Regulierung der Nähe zum Therapeuten sehr eng mit den Problemen des Patienten verknüpft sind.

Die Dynamik in der Behandlungssituation umfasst, dass ständig zwei einander entgegengesetzte Kräfte interagieren, das heißt, als Therapeut oder Therapeutin sollte man mit einer ständig sich verändernden Balance zwischen den Kräften des Widerstandes auf der einen Seite und dem Drang, sich mitzuteilen und vom Leid zu erzählen, auf der anderen Seite ausgehen. Die Kräfte, die positiv auf eine Veränderung hinwirken, sind das Arbeitsbündnis (gesunde Ich-Anteile arbeiten mit dem Therapeuten zusammen), diejenigen, die sich dem entgegenstellen, sind die Abwehrmechanismen, aber auch alle Formen des Widerstandes (wie Furcht vor Veränderung, Buße für unbewusste Schuld, Agieren und sekundärer Krankheitsgewinn). Es ist also einleuchtend, dass mit der Nähe zum (unbewussten) Konflikt auch der Widerstand der Patientin oder des Patienten zunehmen muss.

Die Psychoanalyse als Behandlungstechnik wurde erst geboren, als Widerstände durch den Therapeuten analysiert und nicht mehr ignoriert oder durch andere Mittel (Kopfdruck) überwunden wurden. Schon in den Anfängen der Psychoanalyse bestanden enge Beziehungen zwischen dem Widerstandsverhalten des Patienten und der Beziehung zum Therapeuten. Man muss sich auch gegenwärtig die engen Beziehungen zwischen Widerstand und Objektbeziehungen ins Gedächtnis rufen. Natürlich ist die unmittelbare klinische Manifestation des Widerstandes seine Opposition gegen den Fortgang der Therapie, aber man sollte nicht aus den Augen lassen, dass er auch ein Licht wirft auf die Schwierigkeiten des Patienten, Objektbeziehungen herzustellen, konkretisiert an der Beziehung zum Therapeuten oder zur Therapeutin.

7.2 Allgemeine Prinzipien: »Das Spiel mit dem Widerstand«

Das Auf und Ab des Widerstandes in einer laufenden Behandlung wurde von König (1995, S. 23) als »Spiel mit dem Widerstand« beschrieben. Wie Anna Freud (1936/1980) beschreibt auch Fenichel (1948/2014), dass die Widerstände und nicht nur die durch sie zurückgehaltenen Inhalte wesentliche Informationen geben, und beide betonen auch, wie wichtig es sei, den Patienten mit seinen Widerständen zu konfrontieren. Die besondere Bedeutung der Konfrontation hebt auch Greenson (1971/2008) hervor. Er hat die Technik der Widerstandsanalyse am ausführlichsten behandelt und unterscheidet dabei mehrere Schritte: das Erkennen des Widerstandes, das Aufzeigen

(Konfrontation) und Klären des Widerstandes (Klarifikation) und schließlich die Deutung des Widerstandes. Bei Kernberg (1988) ist die Reihenfolge umgekehrt. Tatsächlich wechseln sich Klären und Konfrontieren vielfach ab, und das, was dem Patienten anhand von bewussten Zusammenhängen aufgezeigt werden kann, wird später durch Deuten der unbewussten Zusammenhänge erweitert. Das Durcharbeiten ist ein Schritt, der auf allen Ebenen erforderlich ist. In jedem Fall gilt das Prinzip von Reich (1933): *Widerstand vor Inhalt.*

Bevor auf diese Aspekte der Behandlungstechnik genauer eingegangen wird, sei allerdings hervorgehoben, dass man bei strukturell gestörten Patientinnen und Patienten häufiger einen Widerstand aufbauen muss, etwa wenn sie zu durchlässig sind und Grenzen aufgebaut werden müssen, um die Nähe zu Personen regulieren zu helfen. Auch bei der Indikation zu einer Psychotherapie ist die Klärung der strukturellen Voraussetzungen wichtig, denn wenn der Patient nicht mitarbeiten kann, weil es ihm an Introspektionsfähigkeit fehlt, darf man dies nicht fälschlicherweise als Widerstand deuten, das kann zu einem Behandlungsabbruch führen (Seiffge-Krenke u. Cinkaya, 2017). Statt einer Widerstandsanalyse sollte man dann ein therapeutisches Angebot machen, das der Patient nutzen kann, und das kann statt eines klassischen psychoanalytischen Vorgehens eher eine strukturorientierte Therapie mit supportiven Anteilen sein (Rudolf, 2004). Was das Schweigen des Therapeuten angeht, ist damit schon deutlich geworden, dass es sehr problematisch wäre, zu lange zu schweigen, und dass das »Prinzip Antwort« (Heigl-Evers u. Heigl, 1988) sinnvoll ist.

Desgleichen ist zu bedenken, dass Charakterwiderstände besonders hartnäckig sind und oftmals auch dann bestehen bleiben, wenn in einer Therapie Konflikte aufgearbeitet wurden. Wie König (1995) betont, muss ein Patient, eine Patientin bei Charakterwiderständen mehr umlernen als bei Übertragungswiderständen, es sind also längere Zeiträume notwendig. Bei den Übertragungswiderständen wiederum ist zu beachten, dass der Therapeut sie durch die Parameter wie Couch und Regression fördert. Insofern ist ein Übertragungswiderstand auch ein Widerstand gegen die Regression.

Aus behandlungstechnischer Sicht ist eine weitere Unterscheidung bedeutsam, die König (1995) vorgenommen hat, wenn auch die Begrifflichkeit nicht glücklich gewählt ist. Er unterscheidet zwischen taktischen Widerständen, die sich auf das Gegenwartsunbewusste richten, und strategischen Widerständen, die das »infantile« Unbewusste betreffen, also Anteilen, die aus der Kindheit stammen.

7.3 Behandlungstechnik: Widerstandsanalyse

Es war zuvor erwähnt worden, dass die Bearbeitung des Widerstandes vor der Arbeit am Inhalt steht und dass sie Erkennen, Konfrontation, Klärung, Deutung und Durcharbeiten umfasst. Dabei ist die Deutung (also Unbewusstes bewusst machen) nur die letzte Stufe der Interventionen. Damit man den Widerstand bearbeiten kann, muss er zunächst erkannt werden; die Widerstände – möglichst in verschiedenen Manifestationen – müssen demonstriert und der Patient muss damit konfrontiert werden. Sowohl die Konfrontation (dass ein Widerstand vorliegt) als auch die Klarifikation (welche Details er umfasst) bereiten also die Deutung vor, dann geht es ans Durcharbeiten.

Erkennen des Widerstandes: Man sollte zunächst längere Zeit warten und nach mehreren Belegen suchen – oder, wie sich Greenson (1971/2008) ausdrückt, man muss den Widerstand sich entwickeln lassen. Zuspätkommen, Versäumen der Stunde, Verweigerung der Ausfallregelung – alle diese Dinge würde man erst, wenn sie sich wiederholen und man genug unterstützendes Beweismaterial hat, neutral und freundlich ansprechen.

Konfrontation: Sie umfasst das Aufzeigen des Widerstandes: dass der Patient Widerstand leistet, warum er Widerstand leistet und auf welche Weise. Dass und auf welche Weise ist am ehesten aufzuzeigen, warum ist der eigentlich schwierige Teil. Auch hier gilt, man konfrontiert nicht sogleich, sondern lässt den Widerstand sich entwickeln. Erst wenn der Patient zum Beispiel fortgesetzt schweigt, zu spät kommt oder beim zweiten oder dritten Mal die Ausfallregelung vergessen hat, kann man vorsichtig konfrontieren: »Sie sind ja heute erneut zu spät gekommen und dann haben Sie länger geschwiegen, sodass ich mich frage …«

Klärung des Widerstandes: Hier geht es um einzelne Details des Widerstandes, die sich an den Fragen »Warum«, »Was« und »Wie« festmachen lassen:
- Warum vermeidet der Patient etwas = welchen schmerzlichen Affekt will er vermeiden?
- Was vermeidet der Patient = was ist das Motiv für den Widerstand, etwa der Wunsch, die Mutter zu schützen?
- Wie vermeidet der Patient = erzählt er beispielsweise mit vielen Pausen und Zögern?

Deutung des Widerstandes: Diese Arbeit bezieht sich vor allem auf das Motiv des Widerstandes. Manchmal entdecken dies die Patienten selbst (»Ich glaube, ich möchte nicht dran rühren«, »Ich möchte nicht wahrhaben, dass …«). Einer der häufigsten Widerstände ist der Übertragungswiderstand, und hier muss man besonders vorsichtig und respektvoll im Deuten sein. Greenson (1971/2008) schildert einen Patienten, der sich in einer feindseligen Übertragung befand und regelmäßig während der Stunde einschlief. Auch von Therapeuten ist bekannt, dass der »Schlaf des Analytikers« (Zwiebel, 1992) ein Widerstandsphänomen sein kann. Schwierig ist es, wenn Realitätsfaktoren mit dem Widerstand verschmelzen – hier muss man genau die Realitäten klären (kommt die Patientin zu spät, weil sie umgezogen ist, einen längeren Weg hat?). Eine Widerstandsdeutung sollte nicht zu früh gegeben werden, das veranlasst den Patienten nur zum Rationalisieren, meint Greenson (1971/2008). Man sollte dem Patienten sagen, dass der Widerstand eine von ihm ausgehende Aktivität ist, die eine wichtige Schutzfunktion hat. Und man sollte ihm auch erklären, dass die Aufdeckung des Widerstandes eine wichtige, achtbare Aufgabe in der Therapie ist. Greenson empfiehlt, den Ausdruck »Widerstand« nicht zu verwenden, sondern stattdessen von »Sie scheinen etwas zu vermeiden, zu umgehen« zu sprechen.

Durcharbeiten: Man geht dem Widerstand sowohl in der analytischen Situation als auch außerhalb nach, das heißt, man bezieht Aktuelles und Früheres mit ein. Durcharbeiten ist besonders wichtig beim Widerstand – das hängt mit dem »Alten«, der »Klebrigkeit der Libido« zusammen, wie Freud es nennt. Das Durcharbeiten wirkt auf das Ich und bewirkt letztendlich auch strukturelle Veränderungen, die etwa zu erhöhter Toleranz für Scham- und Schuldgefühle führen können. Das Durcharbeiten bezieht sich auf Erfahrungen innerhalb und außerhalb der Therapie, denn außerhalb der Therapie versucht der Patient, die gewonnenen Einsichten anzuwenden.

Schauen wir noch einmal auf die vierzigjährige Patientin mit dem Übertragungswiderstand, die in Kapitel 3.3 geschildert wurde. Im Grunde handelte es sich um eine Kombination von Agieren und Übertragungswiderstand, denn die Patientin hatte sich nach den probatorischen Sitzungen und vor Beginn der Behandlung – es lagen fünf Wochen dazwischen – von ihrem Mann getrennt und überraschte den Therapeuten mit der Nachricht, sie sei aus der gemeinsamen Wohnung ausgezogen, lebe von ihrem Mann getrennt und habe eine neue Liebesbeziehung angefangen. In der Beziehung zum Therapeuten wiederholt sie das Muster von rascher Attachierung, Idealisierung und Trennung. Der Therapeut hatte versäumt, mit ihr gemeinsam am Widerstand zu arbeiten. Stattdessen räumte er ihr vielfach neue Termine für Verschiebungen ein, akzeptierte die ausgefallenen Stunden und schien ängstlich bemüht, die Patientin nicht zu verlieren. Genau das trat dann ein.

Der Widerstand hilft der Therapeutin, dem Therapeuten bei der Dosierung und dem Timing von Interventionen. Eine deutende Verarbeitung von Verschiebungen oder gar des Agierens im Sinne einer Widerstandsdeutung wäre im vorliegenden Fall sicher unangemessen gewesen. Möglicherweise wäre eine vorsichtige Konfrontation und Klärung, auf welche Weise sich der Widerstand zeigt und wie bedroht sich die Patientin durch das therapeutische Setting fühlt, hilfreich gewesen. Gleichzeitig ist die Wiederinszenierung ein wichtiger Schritt im therapeutischen Prozess, den man in seinen positiven Auswirkungen betonen könnte.

König (1995) hebt hervor, dass es auch eine Frage der Persönlichkeit und Struktur des Therapeuten ist, wie er mit dem Widerstand eines Patienten umgeht. Depressive Therapeuten, die den Ärger des Patienten fürchten, und phobische Therapeuten, die nach Harmonie streben, haben es besonders schwer, Widerstände zu entdecken und zu benennen.

Da der Widerstand das Fortschreiten des therapeutischen Prozesses behindert, können in der Gegenübertragung leicht Ärger und Ungeduld entstehen. Hier ist es hilfreich, schreibt König (1995), sich den Mechanismus wie eine Bremse beim Auto vorzustellen, sich die nützliche Funktion des Widerstandes zu vergegenwärtigen: Eine Bremse bringt das Auto in der Regel nicht zum Stehen, sondern verlangsamt es nur.

7.4 Spezielle Situationen: Geheimnisse

Es gibt nicht selten in Therapien Geheimnisse, Familiengeheimnisse etwa, oder es gibt ein Erlebnis, das die Patienten erst sehr spät mitteilen, obgleich man als Therapeutin oder Therapeut schon lange spürt, dass es da ein Hindernis gibt. Die antizipierten Scham- und Schuldgefühle beim Therapeuten, von denen man ausgeht, dass er sie ebenso hat wie man selbst, haben eine enorm »bremsende« Wirkung. Besonders deutlich wurde dies an einem Fall aus der Supervision, von dem im Folgenden zunächst einige Informationen aus den probatorischen Sitzungen und dann aus der Anfangs- und der dritten Phase der tiefenpsychologisch fundierten Therapie geschildert werden, an die sich noch eine Schlussphase anschloss.

Die 16-jährige Larissa kommt wegen Depression, wiederkehrender Suizidgedanken und Schnittsymptomen. In der Supervision mit der

Therapeutin (Leipnitz, 2015) wird immer wieder der enorme Widerstand der Patientin offenkundig, deutlich auch an ihrer Körperhaltung, in der sie leicht abgewandt von der Therapeutin sitzt, eine riesige Tasche auf ihrem Schoß umklammernd, und signalisiert, dass da so einiges »drin verborgen ist«.

Die Patientin beschreibt ihre Mutter als sehr wenig zugewandt; den Vater positiver, verführerisch, aber auch unzuverlässig. Seit der Trennung der Eltern kümmere er sich nur unregelmäßig um sie. Er habe diverse Frauengeschichten, was auch Anlass der Trennung der Eltern war, als Larissa neun Jahre alt war. Als der Vater ausgezogen sei, habe die Mutter lange Zeit sehr gelitten, viel geweint und sich zurückgezogen. Im Elterngespräch mit der Mutter war zu erfahren, dass sie lange so sehr getrauert hatte, dass sie sich wenig um Larissa kümmern konnte. Sie sei damals kaum ansprechbar gewesen und wisse nicht, wie ihre Tochter die Trennung erlebt habe. Seit wann Larissa so traurig ist, könne sie ebenfalls nicht sagen. Sie könne sich nicht erklären, warum es ihrer Tochter heute so schlecht geht, und sie schien die starken Vernarbungen an den Händen ihrer Tochter und die seit sechs Jahren bestehenden Schnittsymptome kaum bemerkt zu haben, ebenso nicht die Stimmungsveränderungen.

Anfangsphase: 1.–25. Stunde
Larissa erschien in der ersten Phase der Behandlung, wie auch während der gesamten Therapie, zuverlässig und immer pünktlich zu den Sitzungen, zeigte sich aber anfangs sehr verschlossen. Obwohl an Körpersprache und Mimik deutlich eine innere Not zu erkennen war, blieb sie inhaltlich in einer depressiven Abgesperrtheit, die durch lange Phasen des Schweigens gekennzeichnet war. Ihr Unwohlsein dabei war deutlich spürbar, doch sie zögerte über viele Stunden, das Beziehungsangebot der Therapeutin anzunehmen und über Themen, die sie beschäftigten, zu sprechen. Um besser mit ihr in Kontakt zu kommen, nahm die Therapeutin eine aktivere Rolle ein mit Fragen zu ihrem Alltag. Ihre vorsichtigen Versuche der Klärung und Spiegelung möglicher Affekte nahm Larissa trotz deutlich sichtbaren Leidens

nicht auf. Sie reagierte meist mit »Ich weiß nicht« oder »Keine Ahnung« und schwieg anschließend. Angebote zum nonverbalen Ausdruck ihres Erlebens wie zum Beispiel Zeichenpapier griff Larissa ebenfalls nicht auf. In der Gegenübertragung stellte sich Ratlosigkeit ein. Larissa hatte sowohl verbal als auch durch die absolut zuverlässige Einhaltung des Rahmens ein deutliches Interesse an der Therapie gezeigt. Auch ihr Leidensdruck im Sinne einer enormen emotionalen Belastung war in der Gegenübertragung zu spüren, doch Larissa schien wie in einem inneren Gefängnis zu stecken, das es ihr nicht erlaubte, das Hilfsangebot der sehr einfühlsamen Therapeutin aufzugreifen.

Dritte Phase: 81.–112. Stunde
In einem Gespräch mit Larissa über Probleme, die sie mit körperlicher Nähe zu ihrem Freund hatte, erfuhr die Therapeutin kurze Zeit später auf ihre Frage nach Übergriffen in der Vergangenheit von einem einige Zeit zurückliegenden sexuellen Übergriff durch mehrere Jungen nach einer Party. Larissa konnte das Geschehene von selbst nicht als Vergewaltigung benennen; sie gab sich selbst die Schuld daran. Nachdem das Geschehene von der Therapeutin klar als etwas Unrechtes und als Vergewaltigung benannt wurde, schien Larissa erleichtert zu sein. Zusammen konnten sie ihre schweren Symptome, vor allem das Schneiden, nun auch als Folge der schweren Scham- und Schuldgefühle verstehen, von denen sie sich damit zu entlasten versuchte. Für eine weitere Bearbeitung des Traumas schien Larissa noch nicht bereit. Sie sei froh, »es« jetzt mal gesagt zu haben, wolle aber nicht weiter darüber reden.

Hier wird deutlich, dass die Therapeutin den Widerstand zunächst als noch nötigen Schutz verstand und sich entschied, »mit dem Widerstand zu gehen«, indem sie versuchte, Larissas depressive Verschlossenheit im Sinne des Containens nach Bion auszuhalten. In der Folgezeit gab es hin und wieder lebendigere Stunden, die jedoch schnell wieder von lähmendem Schweigen abgelöst wurden. Larissa steuerte den Kontakt zur Therapeutin durch einen Wechsel von Anbieten bzw.

minimalem Teilhabenlassen an ihren Nöten und deren hartnäckiger Zurückhaltung. Obwohl deutlich war, dass die Patienten mit ihrer Mutter, die kaum Augen für sie hatte, viele Probleme hatte, die sie auch im Sinne einer negativen Übertragung an der Therapeutin abarbeitete, war doch auch offenkundig, dass die Therapeutin ein neues, ein anderes Beziehungsangebot machte, auf das die Patientin nur teilweise eingehen konnte. Etwas blockierte. Die Therapeutin hatte sehr genau die Toleranzgrenze der Patientin im Auge und stellte immer dann auf ein supportives Verhalten um, wenn sie merkte, dass sie dabei war, die Toleranzgrenze zu verletzten. Die manifest »schwierige«, latent aber vertrauensvolle Beziehung zur Therapeutin machte es schließlich möglich, dass sie ihren Widerstand etwas reduzieren und über ein sehr belastendes Ereignis kurz sprechen konnte. Weiter bestehende Scham- und Schuldgefühle blockierten sie. Die unbewusste Wut auf die Täter deponierte sie im Sinne der projektiven Identifizierung in der Therapeutin. Hier wird das Ineinandergreifen von Widerstand und Abwehrmechanismen offenkundig.

7.5 Widerstand in der Supervision

Die Widerstände, die sich in einer supervisorischen Beziehung entwickeln und zeigen können, sind bislang nur unzureichend beachtet worden. Wie Binder-Klinsing (2016) ausführt, ist die Supervision ein Beziehungsdreieck mit unterschiedlicher Machtstruktur. Diese Asymmetrie ist der supervisorischen Beziehung inhärent, selbst wenn der Supervisor in seiner relationalen Sicht keine Deutungsmacht und keinen privilegierten Zugang zur Wahrheit beansprucht. Die meisten Supervisorinnen und Supervisoren sind darauf konzentriert, ihre Supervisanden bei der Problembearbeitung zu unterstützen, ihnen Hilfestellungen für konkrete Behandlungsprobleme zu geben oder ihre Wahrnehmung für bestimmte unbewusste Botschaften zu schärfen. Allerdings sind sie auch aufgrund der Tatsache, dass in den meisten Ausbildungsinstituten die Ausbildungsteilnehmer mehrere

Supervisoren haben, mit einer Situation konfrontiert, in der auch sie möglicherweise »evaluiert« und verglichen werden. Das kann Widerstand wecken.

Die Supervisanden sind wiederum mit dem Problem konfrontiert, sich fachlich und menschlich »bloßstellen« zu müssen, zumindest scheinen das einige so zu erleben. Ausbildungsteilnehmer unterscheiden sich darin, wie kränkbar sie beim Aufdecken von anderen Sichtweisen sind, die sie als persönliches oder fachliches Defizit erleben können. Das kann Widerstand wecken und dazu führen, dass die Supervisanden nicht alles erzählen, sondern schwirige Erfahrungen verbergen oder Abweichungen vom Setting, die sie vorgenommen haben, nicht offen deklarieren.

Schreyögg (1991) betont, dass vor allem das Schweigen des Supervisors viel Widerstand beim Supervisanden hervorruft. Es kann sich dann ein zähes Ringen um die Frage einstellen, wer die Beziehung kontrolliert. Gerade der »Zwang zur Selbstöffnung« führe zum Widerstand beim Supervisanden und langes Schweigen des Supervisors erhöhe ihn noch. Hier ist, wie auch bei den obigen Fallbeispielen, die Toleranzgrenze (des Patienten, der Supervisandin) zu bedenken.

8 Klinische Arbeit an Abwehrmechanismen

Schon Freud hatte die protektive Funktion hervorgehoben: Die Abwehr reduziert Angst und stabilisiert das Selbst. Im Folgenden geht es um klinische Aspekte, also den Umgang mit Abwehr in laufenden Behandlungen und bei Patienten mit unterschiedlichen strukturellen Voraussetzungen sowie um die Beziehung zwischen Bewältigung und Abwehr. Wenn man vom Diktum Freuds »Erinnerung ohne Affekt ist wirkungslos« aus »Erinnern, Wiederholen Durcharbeiten« (1914) ausgeht, das heißt, dass ohne Affekte keine korrigierende emotionale Erfahrung möglich ist, wird deutlich, dass wir mit dem Patienten, der Patientin gemeinsam an die belastenden, negativen Affekte kommen müssen. Davor stehen aber Abwehr und Widerstand, und sie haben wichtige schützende Funktion! Ähnlich wie bei der Arbeit am Widerstand ist bei der Arbeit an der Abwehr zunächst Ressourcenaktivierung notwendig, bevor konkrete Interventionen möglich sind. Dies gilt verstärkt für Patientinnen und Patienten mit niedrigem Strukturniveau. Insbesondere bei interpersonalen Abwehrformationen wie der projektiven Identifizierung ist die Arbeit mit der Gegenübertragung dringend notwendig zum Verständnis der emotionalen Lage des Patienten.

8.1 Systematisierung der Abwehrmechanismen

Es war schon in Kapitel 4.3 deutlich geworden, dass Dissens darüber besteht, wie umfangreich der Katalog der Abwehrmechanismen ist. König (1997), der eine Systematisierung vorgelegt hat, auf die wir uns im Folgenden beziehen, weist darauf hin, dass alle Ich-Funktionen letztendlich zu Abwehrzwecken eingesetzt werden. Abwehrmechanismen dosieren die Affekte in dem Maße, dass sie durch das Ich handhabbar werden, und umfassen innerpsychische und interpersonelle Abwehrvorgänge. Die projektive Identifizierung, auf die noch gesondert in Kapitel 8.4 eingegangen wird, ist zum Beispiel eine Kombination von innerpsychischen (Projektion) und interpersonalen (Identifikation) Abwehrvorgängen. Im Folgenden werden einige wichtige Abwehrmechanismen aufgeführt.

Verdrängung ist nach König (1997) der einfachste Abwehrmechanismus. Freud unterschied zwischen Verdrängung und Urverdrängung. Inhalte, die dieser Urverdrängung in der Kindheit ähnlich sind, fallen auch später der Verdrängung anheim. Wir erinnern an die Unterscheidung von Sandler et al. (1973) in Kindheitsunbewusstes und Gegenwartsunbewusstes. Für Freud wurden vor allem Triebwünsche verdrängt; er hat auf die Wiederkehr des Verdrängten aufmerksam gemacht, das sich dann in entstellter Form doch Zugang zum Bewusstsein verschafft. Verdrängung und *Unterdrückung* sind analoge Vorgänge auf verschiedenen Ebenen. Die Verdrängung ist unbewusst ausgelöst und wird auch unbewusst gehalten. Die bewusste Entsprechung wäre Suppression, also Unterdrückung. Das Unterdrückte kann sich dennoch bahnbrechen, etwa wenn man hofft, dass der Patient bald wieder geht, und statt »Guten Tag« »Auf Wiedersehen« sagt.

Introjektion und *Identifizierung* sind Mittel zum Aufbau der Persönlichkeit. Beide wurden von Anna Freud synonym verwendet. Heute versteht man unter Introjektion meist das Aufrichten einer inneren Instanz/Repräsentanz einer Person, sie ermöglicht Objektkonstanz. Besonders häufig wird sie durch Trennungen oder Verlust ausgelöst. Die Identifizierung mit einem Objekt geschieht meist auf der Grundlage einer guten Beziehung – wie am Ende des Ödipuskomplexes –, aber manchmal auch einer schlechten, wie die Identifizierung mit dem Aggressor zeigt. Bei der *Identifizierung mit dem Aggressor* verhält man sich so, dass man dem Angreifer ähnlich wird.

Dieser Mechanismus wurde zuerst von Anna Freud entdeckt, die darauf hinwies, dass dadurch ein Gefühl der Schwäche oder Ohnmacht beseitigt werden kann.

Beim *Ungeschehenmachen* wird Verbotenes durch ein Ritual entkräftet, insbesondere häufig bei Zwangsneurosen, wo magische Bußrituale und Beschwörungsformeln auftreten. Bei der *Reaktionsbildung* werden negative Gefühle durch das Gegenteil niedergehalten: Aggressive Gefühle werden unterdrückt, stattdessen ist man besonders freundlich, betont höflich. Liebesgefühle können durch Hassgefühle überlagert werden, wenn die Liebesgefühle zu gefährlich erscheinen. Freud hat die Reaktionsbildung ebenfalls bei den Zwangsneurosen beschrieben. Die *Verneinung* ist der Reaktionsbildung formal ähnlich, nur wird hier die richtige Darstellung eines Sachverhalts durch ihr Gegenteil ersetzt. Es wird also nicht ein Gefühl, sondern ein bestimmter Sachverhalt verneint (»die Mutter ist es nicht«). Oft ahnt man schon, dass das Gegenteil der Fall ist.

Die *Wendung gegen die eigene Person* ist ein Abwehrmechanismus, der auf das interpersonelle Feld gerichtet ist, das man von Störungen frei halten will, daher wird die Aggression gegen die eigene Person gerichtet und trifft nicht die Person, die gemeint ist. Depressive Patienten richten die Aggression vor allem dann gegen die eigene Person, wenn sie das Objekt, das die Aggression hervorruft, auf keinen Fall verlieren möchten. Hier schädigt sich die Person nachhaltig selbst (Selbstverletzungen).

Bei der *Verschiebung* trifft es jemanden, der weniger gefährlich oder weniger wichtig ist. Typisch ist der Fall des »Kleinen Hans«, der die Angst vor dem Vater auf das Pferd verschoben hat. Bei der *Verleugnung* wehrt man sich gegen die Bedeutung eines Affektes. Sie tritt besonders häufig bei strukturellen Störungen auf. Etwas, das wirklich existiert, wird als nicht existent oder ungeschehen bezeichnet. Verleugnung kann je nach Situation nützlich oder schädlich sein. Bei der *Bagatellisierung* wird die Bedeutung heruntergespielt. Man findet sie häufiger bei der Familienanamnese (»ich war auch früher Bettnässer«). Dieser Mechanismus wird zur Stabilisierung des Ichs eingesetzt. *Vermeidung* kommt sehr oft in Therapien vor. Dazu zählt auch kontraphobisches Verhalten.

Bei der *Projektion* ist das Motiv, etwas aus seiner inneren Welt zu entfernen. Man projiziert zum Beispiel seine aggressiven Impulse, Stimmungen auf andere. Je fragiler der Bezug zur Realität ist, desto ungehinderter können sich Projektionen etablieren. Ein weiterer Schritt ist, den anderen der Projektion real ähnlicher zu machen: *projektive Identifikation*. Im Unterschied zu Kernberg (1988) nimmt König (1997) an, dass dieser Abwehrtypus, der stark interaktionell geprägt ist, nicht bei strukturellen Störungen, sondern eher bei reiferen Störungen vorkommt und eher eine bestimmte Form der Übertragung ist (vgl. Kapitel 8.4).

Drei verschiedene Abwehrmechanismen beschreiben den Umgang mit Erfahrungen, bei denen es zur Abwehr von negativen Affekten kommt. Beim *Rationalisieren* werden ausschließlich logische und konsistente Erklärungen gegeben – und wie man sich denken kann, ist das der Tod des freien Einfalls. Die *Isolierung vom Affekt*, das heißt die Trennung zwischen kognitiven und affektiven Anteilen einer Botschaft, kann die gesamte Psychotherapie beeinträchtigen, denn mit den Affekten wollen wir arbeiten. Beim *Intellektualisieren* werden Abstrahieren und intellektuelle Erklärungen eingesetzt, um das Erlebte nicht zu stark werden zu lassen. Besonders häufig findet sich dies in der Pubertät. Auch hier werden die Beziehungen »verträglicher« gestaltet, das kann ein Schutz sein und sollte daher in der Therapie nicht zu früh angesprochen werden.

Die *Rollenumkehr* ist ein Abwehrverhalten; ein Kind nimmt beispielsweise die Rolle des Vaters an. Wenn allerdings die Eltern das Kind in diese Rolle zwingen, so ist dies Parentifizierung. *Altruistische Abtretung* wurde ebenfalls von Anna Freud beschrieben. Sie hielt dies für einen sozial wertvollen Abwehrmechanismus. Historisches Beispiel ist Cyrano de Bergerac: Ein hässlicher Mann hilft seinem gut aussehenden Freund, eine Frau zu gewinnen, die beide lieben.

Die *Sublimierung* wurde von Freud als charakteristisch für die Latenz beschrieben, wo Triebimpulse in akzeptable Impulse (wie

Sammlungen oder einen künstlerischen Ausdruck) umgewandelt werden.

Idealisierung kann man auf viele Weisen und zu vielen Zwecken einsetzen. Das ideale Objekt hat oft Eigenschaften, die beim realen Objekt vermisst werden. Die Idealisierung verhindert das Bewusstwerden aggressiver Gefühle. So kann ein Patient einen Therapeuten idealisieren, um ihn nicht attackieren zu müssen. Das Gegenteil ist *Entwertung*. Frisch Verliebte neigen dazu, den Partner zu idealisieren. Wenn sich herausstellt, dass die Idealisierung nicht zutrifft, gibt es große Enttäuschungen. Die meisten Therapeutinnen und Therapeuten bemühen sich eher, eine negative Übertragung aufzulösen als eine positive, idealisierende.

Im Übrigen weist König (1997) darauf hin, dass auch *Regression* und *Progression* zu Abwehrzwecken eingesetzt werden können. Regression kann Abwehrzwecken dienen, muss es aber nicht, denn Regression kann im Dienste des Ichs, im Dienste der Progression stehen. Progression bedeutet Flucht in spätere Entwicklungsstadien, dabei kann man sich leicht selbst überfordern.

8.2 Allgemeine Prinzipien: »Die Abwehr lieben lernen«

Abwehrmechanismen dosieren die Affekte so, dass sie von den Ich-Funktionen bewältigt werden können und nicht zu einem sozial inadäquaten Verhalten führen. Natürlich verursachen Abwehrmechanismen auch Kosten. Die Realitätsprüfung wird eingeschränkt, sodass möglicherweise Gefahren nicht richtig erkannt werden. Angst ist als orientierender Affekt notwendig. Wenn Angst unterdrückt wird, weil es an Angsttoleranz fehlt, kann das bei realer Gefahr zum Problem werden; dies trifft vor allem für Verleugnung und Bagatellisierung zu. Die Isolierung vom Affekt wiederum schränkt nicht nur die eigene Erlebnisfähigkeit ein, sondern stört auch die Beziehungen.

Ein ganz generelles Prinzip in der Arbeit mit Abwehrmechanismen ist zunächst die Positivierung der Abwehr. Abwehrmechanismen sind konstruktiv, das heißt, sie haben nach Sandler et al. (1973) und Körner (2013) nicht nur die Funktion, unangenehme Emotionen wie Ängste im Zaum zu halten, sondern sie sind in erster Linie für das Wohlbefinden einer Person verantwortlich. Ein weiteres grundlegendes Prinzip ist, dass man die Abwehrmechanismen nur deutet, wenn deren Kosten den Nutzen überwiegen. Schließlich bleibt als generelles Prinzip noch zu erwähnen, dass man die Arbeit an der Abwehr sozusagen im Tandem mit der Ressourcenstärkung vornimmt, insbesondere bei strukturell beeinträchtigten Patientinnen und Patienten, wie noch ausgeführt werden wird. Insofern verwandelt sich dann Abwehr zunehmend in Bewältigung. Man sollte also Bewältigung und Abwehr zusammen sehen und ein integratives Modell im Kopf haben, denn wenn sich die Abwehr reduziert, kann Bewältigung entstehen.

Was die Behandlungstechnik angeht, so ist zunächst zu bedenken, dass sich die Abwehr phasenspezifisch verändern kann. Wöller und Kruse (2014) geben in ihrer »Tiefenpsychologisch fundierten Psychotherapie« Hinweise für die therapeutische Arbeit mit Abwehr. Sie unterscheiden drei Phasen:

In der *Anfangsphase* sollte zunächst das Arbeitsbündnis hergestellt, konflikthafte Objektbeziehungen sollen aufgegriffen werden, zugleich müssen Ressourcen gestützt und gestärkt werden. In der *mittleren Phase* geht es um Einsicht und Übertragung. Die Abwehr wird gelockert. Auch Widerstände können auftreten, sie sind beziehungsregulierend. Es kann eine negative therapeutische Reaktion auf Deutungen geben. In der *Endphase* können, wenn Symptome erneut auftreten, auch die Abwehrprozesse erhöht sein, also gilt es wieder, das Ganze durchzuarbeiten.

Wie geht man konkret in der Therapie mit Abwehrprozessen um? *Wann soll Abwehr analysiert werden?* Dazu ist eine Einschätzung der Ich-Stärke, also der strukturellen Voraussetzungen, notwendig. Angezeigt ist eine Analyse der Abwehr, wenn ein Konflikt da ist, etwa im Sinne der OPD, also eine grundsätzliche Ambivalenz widerstreitende Wünsche. Arbeit an der Abwehr ist nicht angezeigt, wenn der Patient von Angst überflutet wird.

Abwehrformation identifizieren. Hier kann man Überlegungen anstellen: Vor welcher Angst, Wut, welchem Schamgefühl schützt sich der Patient, und wie schützt er sich? Man kann dem Patienten die Arbeit daran erleichtern, indem man seine Affekte benennt (»Fühlen Sie sich unwohl?« »Ist es Ihnen unangenehm?« »Beschämt es Sie, dass …?«).

Schutzfunktion der Abwehr akzeptieren. Die Situationen, die Patienten schildern, sollten wir mit ihren Augen zu sehen und auch ihre Abwehr »lieben lernen«, wie es Körner (2016) nennt, indem wir zum Beispiel anerkennen, wie viel sie in ihrer forcierten Selbstständigkeit (»kontraphobische Abwehr«) geleistet haben. Desgleichen sollten wir Verständnis aufbringen für das Bedürfnis der Patientin, sich vor Angst zu schützen. Patientinnen und Patienten können sich bedroht und schutzlos fühlen, wenn die Abwehr weggenommen wird. Man sollte also ausdrücklich die Schutzfunktion akzeptieren.

Dann Deuten bzw. Ansprechen, wenn die Nachteile die Vorteile überwiegen. Man sollte nicht deuten, wenn man bemerkt, dass die Abwehr eine stabilisierende Funktion hat. Nach stufenweiser, vorsichtiger Konfrontation bzw. Klärung kann man eine Probedeutung wagen. Eine solche Abwehrdeutung umfasst immer die Abwehr und das Abgewehrte (dass, wie und was abgewehrt wird).

Auch müssen wir damit rechnen, dass der Patient, die Patientin immer wieder zurückfällt in die alten Lösungen, deswegen muss das schon Verstandene immer wieder durchgearbeitet und umgesetzt werden, und dies braucht relativ viel Zeit. In der Tat ließ sich auch empirisch bestätigen, dass Ansprechen und Bearbeiten der Probleme und Abwehrmechanismen über die Zeit dazu führen, dass Patienten besser mit ihren Problemen umgehen können, und dies senkt dann den Symptomlevel. Bond und Perry (2004) fanden vor allem, dass die Interpretation der Abwehr, gekoppelt mit supportiven Interventionen, die Abwehr deutlich erniedrigte.

8.3 Strukturniveau, Abwehr und Bewältigung

Das spezifische therapeutische Vorgehen ist allerdings an eine Einschätzung des Strukturniveaus des Patienten oder der Patientin geknüpft: Durch welche Abwehrmechanismen der Patient versucht, seine inneren Konflikte zu bewältigen, ist auch diagnostisch aufschlussreich, denn in den Abwehrmechanismen der Patienten zeigen sich ihre strukturellen Kompetenzen und Defizite. Wie in Kapitel 6 erläutert, konnte man nachweisen, dass im Verlauf der Therapie unreife Abwehrformationen durch reifere ersetzt werden. Die Beurteilung der Abwehrmechanismen unter dem Gesichtspunkt der Reife ist wichtig, weil der Patient mit den von ihm gewählten Abwehrformen anzeigt, inwieweit er innere Gefahren – oder auch äußere Gefahren – tolerieren kann und wie radikal seine Abwehrmanöver diese Gefahren beseitigen, entstellen oder unkenntlich machen müssen. Dies wird besonders deutlich bei der Abwehr durch Verleugnung (vgl. Kapitel 8.4), wo wichtige Bereiche der Realität nicht wahrgenommen werden können.

Der Zusammenhang zwischen Strukturniveau und Abwehr wurde von Gerd Rudolf (2004) in seinem Buch »Strukturbezogene Psychotherapie« herausgearbeitet. Er hat auf den Zusammenhang zwischen bestimmten Grundkonflikten, strukturellen Vulnerabilitäten und Bewältigungsmustern hingewiesen. Der bereits in der Kindheit erlebte Grundkonflikt und die daraus resultierenden Vulnerabilitäten führen zu unterschiedlichen Bewältigungsmaßnahmen. Folgende Muster werden nach Rudolf im Zusammenhang mit strukturellen Störungen besonders häufig beobachtet:

Schizoid-vermeidende Bewältigungsmuster: Durch Vermeidung von Kontakt, Beziehungen, Kommunikation entsteht eine Welt der objektlosen Räume. Der Patient ist isoliert und sozial eingeschränkt – aber es kann ihn auch keiner verletzen.

Narzisstische Bewältigungsmuster: Der Patient ist objektunabhängig. Durch Selbstaufwertung und Objektabwertung wird eine Pseudoautonomie erreicht. Der positive Aspekt der Bewältigung liegt in dem Bemühen um besondere Leistungen und Fähigkeiten, die Gefahr bei der Selbstüberforderung.

Altruistische Bewältigungsmuster: Im Kontrast zu den ersten beiden ist hier eine besondere Objektorientierung erkennbar; Rudolf spricht von »forcierter Objektorientierung«. Die Patienten richten sich völlig auf ihr Gegenüber ein, verzichten auf eigene Interessen, sind darin selbstaufopfernd. Ein Risiko ist die Selbstausbeutung. Nach Rudolf findet man dieses Muster bei depressiven Patientinnen und Patienten.

Offen-dependente Bewältigungsmuster: Hier ist auch eine klare Objektorientierung erkennbar, aber es wird die eigene Bedürftigkeit und Abhängigkeit vom anderen betont.

Regressive Bewältigungsmuster: Man schafft sich ein ideales Objekt und verschmilzt mit ihm. Hier besteht die Gefahr der selbstzerstörerischen Abhängigkeit.

Rudolf nennt als weitere Bewältigungsformen *histrionische* und *zwanghafte Bewältigungsmuster,* die manchmal auch eine strukturelle Störung überdecken können. Rudolf sieht es so, dass die Abwehr etwas therapeutisch zu Überwindendes ist, während sich in der Bewältigung auch kreative Potenziale zeigen. Man wird also die Möglichkeiten nutzen, um etwas besser, das heißt unneurotisch, verfügbar zu machen.

Diagnostisch kann man auf der Strukturachse der OPD (Arbeitskreis OPD-E-2, 2006) unter *Selbststeuerung* die Abwehr des Patienten einschätzen. Entsprechend wird unterschieden:

- *Patienten mit einer gut integrierten Abwehr:* Diese ist intrapsychisch, eine Triebbefriedigung ist trotz Abwehr möglich, die Abwehrmuster sind grundsätzlich flexibel und gut verfügbar. Beispiele sind Verdrängung, Rationalisierung, Verschiebung.
- *Patienten mit einer mäßig integrierten Abwehr:* Diese ist intrapsychisch, aber stark und rigide, sehr konflikthaft. Die Triebbefriedigung ist eingeschränkt bis unmöglich, die Abwehr wenig flexibel, das heißt, sie kann nicht situativ variiert werden. Beispiele sind Verleugnung, Wendung gegen die eigene Person, Reaktionsbildung, Projektion, Isolierung.

- *Patienten mit einer gering integrierten Abwehr:* Die Abwehr ist interpersonell, Selbst- und Objektrepräsentanzen werden beeinträchtigt. Es kommt zu Überflutungen, da die Abwehr die Triebwünsche nicht eindämmen kann. Das Abwehrmuster ist sehr rigide und stereotyp, was auf Kosten vieler Lebensbereiche geht. Beispiele sind Spaltung, projektive Identifizierung, Idealisierung, Entwertung.
- *Patienten mit einer desintegrierten Abwehr:* Die Abwehr ist diffus, es sind massive Veränderungen der Selbst- und Objektrepräsentanzen zu beobachten, gravierende Realitätsverzerrungen, häufig tritt Regression auf, eine Triebbefriedigung ist nicht möglich. Die Patienten sind sehr fragil, kleine Anlässe führen zu massiven Abwehrmaßnahmen. Beispiele sind Verleugnung, Projektion, projektive Identifizierung, Dissoziation, Spaltung.

Es liegt auf der Hand, dass sich in Abhängigkeit vom Strukturniveau auch die therapeutischen Haltungen und Interventionen unterscheiden müssen (Körner, 2016): Bei einem neurotischen Patienten nimmt der Therapeut eher die Position eines Gegenübers ein, er konfrontiert ihn mit seiner Abwehr und mutet ihm zu, selbst neue Lösungen zu finden. Einen Patienten mit einer strukturellen Störung begleitet man eher, man ermutigt und hilft ihm, seine Fähigkeiten zu entwickeln, Angst auszuhalten. Hier ist besonders auf eine gute Balance zwischen Ressourcenaktivierung und Bearbeitung der »wunden Punkte«, gegen die sich die Abwehr richtet, zu achten. Wenn man nur über die Probleme spricht, fühlt sich der Patient nur in seinen schwachen Seiten gespiegelt. Ein ausdrückliches Ansprechen der intrapsychischen Ressourcen ist also erforderlich; dann sollte man schrittweise eine angemessenere Bewältigung unterstützen.

Es ist deutlich geworden, dass bei der Arbeit an der Abwehr zunächst Ressourcenaktivierung notwendig ist, bevor konkrete Interventionen möglich sind. Hinzukommen wichtige Informationen aus der Gegenübertragung des Therapeuten. In der *abgewehrten Konflikt- und Gefühlswahrnehmung* der OPD-E-2 in der Version von 2006 wird die Schutzfunktion der übersteigerten Abwehr durchaus gesehen, es wird aber auch bemerkt, dass in der Gegenübertragung entweder wenig Affekt (Langeweile, Desinteresse) oder die vom Patienten abgewehrten Affekte entstehen. Dies sind hilfreiche Hinweise für die Arbeit mit Abwehrmechanismen.

8.4 Analyse der Gegenübertragung bei Verleugnung, Spaltung und projektiver Identifizierung

»Die Abwehr lieben lernen« (Körner, 2016) – wie macht man das? Es wurden schon einige Beispiele aufgeführt, die die Schutzfunktion der Abwehr verdeutlichen und es der Therapeutin, dem Therapeuten einfacher machen, die Abwehr des Patienten als eine positive Kraft zu akzeptieren. Dennoch kann es bei einigen Abwehrmechanismen zu großer Irritation und Sorge beim Therapeuten kommen:

Herr S., ein vierzigjähriger Angestellter, leidet unter Antriebsminderung, Konzentrations- und Einschlafstörungen, Grübelneigung und Libidoverlust. Er lebt seit neun Jahren in einer Beziehung, doch seit zwei Jahren hätten sie keinen Geschlechtsverkehr mehr, da seine Freundin keine Nähe mehr zulasse. Vor dieser Beziehung hatte er wechselnde Partnerschaften. Herr S. ist seit seinem zehnten Lebensjahr Diabetiker und in einer Familie aufgewachsen, in der sich niemand um seinen Diabetes kümmerte und er am Anfang Angst hatte, während einer Unterzuckerung zu sterben. Seiner Mutter habe sich kaum um ihn gekümmert, stattdessen habe er ihr helfen müssen, und er sei auch vom Stiefvater oft geschlagen worden. Seine Freundin sei schwierig und psychisch krank, sie habe unter Panikattacken gelitten. Im Laufe der Behandlung gelingt es Herrn S., sich von seiner Freundin zu trennen. Er lebt nur kurze Zeit allein und geht dann eine Beziehung zu einer Juristin ein, die an einem Pankreas-Karzinom leidet und eine zwölfjährige Tochter hat, die auch gesundhetlich sehr beeinträchtigt ist (Rheuma, neurologische Auffälligkeiten). Herr S.

kann nach einiger Zeit offen darüber sprechen, warum er die Beziehung zu seiner kranken Freundin aufgenommen hat und sie nach sehr kurzem Kennenlernen auch heiraten will. Er heiratet sie – wenn sie nicht krank wäre, hätte er sie nicht geheiratet, meint er –, und in der Gruppensupervision breitet sich allmählich Unruhe und Sorge aus, als in den folgenden Stunden besprochen wird, dass seine neue Frau ihre Beerdigung vorbereitet und bezahlt hat, zugleich aber nicht um die Zukunft der Tochter besorgt zu sein scheint.

Über ein Dreivierteljahr schildert Herr S. die Beziehung und das Leben der drei als »eitel Sonnenschein«. Herr S., der inzwischen seine Arbeit verloren hat, lebt von Gelegenheitsjobs, seine Frau arbeitet weiterhin voll als Juristin. Des Weiteren irritiert, dass die drei (der diabeteskranke Patient, seine schwer kranke Frau und die beeinträchtigte Tochter) vor Kurzem einen Urlaub in Kuba verbracht hätten, als Rucksacktouristen, der »sehr schön« gewesen sei, und dass sie nun einen weiteren in Afrika planen.

Es fällt schwer, die Abwehr dieses Patienten lieben zu lernen, wie Jürgen Körner (2016) es formuliert hat, und die abgewehrten Gefühle landen dann in Form von Gegenübertragungsgefühlen in der Supervision: Es entstehen Angst und Sorge, wie für das körperliche Wohl der krebskranken Frau gesorgt sein könnte in diesen Ländern. Zugleich entstehen Irritation ob der Verleugnung der schweren Beeinträchtigungen und auch ein ungläubiges Staunen, als zu hören ist, dass die todkranke Frau weiterhin als Juristin tätig sei. Ist sie nun schwer krank oder nicht – und was stimmt denn nun eigentlich? Wir spekulieren, wie die kranke Frau denn medizinisch versorgt sei in Kuba und Afrika und wer sich in der Endphase und nach ihrem Tod um die beeinträchtigte Tochter kümmert. Ob die Ehefrau von Herrn S. mit dieser schwerwiegenden Diagnose überhaupt noch in der Lage ist zu arbeiten?

Solche oder ähnliche massive Verleugnungen (vgl. Kapitel 2.3) haben viele Therapeuten schon in ihrer Praxis oder auf Station gesehen, besonders wenn schwerwiegende Ereignisse wie eine Erkrankung die Familie betreffen. Verleugnung ist ein früher Abwehrmechanismus, und es scheint, dass schwere Belastungen dazu führen können, dass er bei ansonsten intakter Realitätswahrnehmung wiederbelebt wird. Allerdings, und das wurde schon ausgeführt, hat eine kurzzeitige Verleugnung bei Krebserkrankung beispielsweise positive Auswirkungen (vgl. Kapitel 5.4).

Besonders offenkundig wird die Arbeit mit der Gegenübertragung bei der Projektion und der projektiven Identifizierung. Die Projektion kann dazu benutzt werden, innere Konflikte nach außen zu projizieren, was das Innere entlastet, die Außenwelt aber belastet und eine deutliche Realitätsverzerrung enthält. Bei der projektiven Identifizierung wird der andere so beeinflusst, dass er bestimmte Erwartungen erfüllt und sich genauso verhält. Es handelt sich um ein zentrales klinisches Konzept, dessen Bedeutung stetig wächst.

Kernberg (in Sandler, 2004) hat die differenzierteste klinische Beschreibung gegeben: Während die Projektion inakzeptable Selbstanteile auf das Objekt verlagert *(onto)*, was mit einem Mangel an Empathie mit und einer Distanzierung vom Objekt verbunden ist, ist die projektive Identifizierung dadurch gekennzeichnet, dass inakzeptable Selbstanteile in das Objekt *(into)* projiziert werden und versucht wird, das Objekt zu kontrollieren (so wie man früher diese Anteile im Selbst kontrolliert hat). Projektion sieht man bei neurotischen, etwa hysterischen Patientinnen, die ihre sexuellen Wünsche auf den Therapeuten projizieren, die eigenen sexuellen Bedürfnisse aber nicht wahrnehmen, sondern glauben, dass der Therapeut sie verführen wolle. Der Therapeut kann das dann als Übertragung annehmen (»Für Sie bin ich der phantasierte verführerische ödipale Vater«).

Die projektive Identifizierung würde nur dann bei neurotischen Patientinnen und Patienten vorkommen, wenn sie in eine tiefe Regression geraten und die Selbst-Objekt-Grenzen aufgelöst sind. Projektive Identifizierung ist insofern unreifer als Projektion, als die Selbst-Objekt-Grenzen noch nicht richtig klar, verschwommen sind und die inakzeptablen Aspekte nach außen verlagert und in dem äußere Objekte kontrolliert werden. Vielfach kommuniziert der Patient, die Patientin nonverbal mit uns. Kernberg gibt für diese Abwehrformation ein Beispiel:

Es handelt sich um eine Patientin Ende zwanzig mit einer narzisstischen Problematik, eine äußerst attraktive und erfolgreiche junge Frau mit einer kalten, distanzierten Mutter, die sie immer abgewertet hatte. Die Patientin schwankte in der Analyse zwischen Grandiosität und Verzweiflung. Sie wollte zunächst unbedingt, dass sie vom Klinikleiter, Otto Kernberg, behandelt wird. In den nächsten Wochen aber fielen zunehmend Bemerkungen über die hässliche kleine Stadt, in der die Praxis stand (»Man kann nur in NY oder Frisco leben ...«), das unmodern eingerichtete und enge Praxiszimmer und, nachdem sie ihren Liebhaber als lächerlich und klein dargestellt hatte, auch über das provinzielle Aussehen von Kernberg (»Ich will Sie nicht verletzen, aber finden Sie nicht, das Sie mal was Neues zum Anziehen bräuchten?«). Während sie so redete, gingen Kernberg verschiedene Gedanken durch den Kopf wie »Ich werde die Patientin sicher nicht knacken«, »Ich bin impotent«, »Ist meine Wohnung, Praxis, Stadt nicht wirklich hässlich und provinziell?«, »Bin ich nicht ein alter, hässlicher, impotenter Mann?«. Er verwandelte sich in einen Mann, der erst von der Patientin idealisiert und dann stark abgewertet wurde, und die Patientin ließ ihn am Boden zerstört zurück. Er fing an, sich zwischen den Stunden ebenfalls mit ihr zu beschäftigen, und begann, seine Gegenübertragung zu analysieren. Das half ihm beim Verständnis der Dynamik.

Die Patientin hatte sich mit ihrer kalten, überlegenen, abwertenden Mutter identifiziert und verhielt sich auch so. Sie projizierte in Kernberg den abgewehrten, abgelehnten Teil ihres Selbst, und er fühlte sich wirklich so. Die subtile Kontrolle durch die Patientin war ihm erst durch die Analyse seiner Gegenübertragung – außerhalb der Stunden (»between the hours«) – aufgefallen: Seine Gegenübertragung war die die komplementäre Identifikation mit der Patientin. Kernberg erläuterte der Patientin dann, dass das Bild, das sie von ihm habe (intellektuell schwach, unattraktiv, in einem Provinzkaff) das Bild sei, das ihre Mutter von ihr zeichne, und dass sie die Beziehung zwischen ihrer Mutter und sich selbst aktiviere durch eine Inversion der Rollen. Die Patientin konnte das erkennen und erwiderte, das sei ein Bild, das sie wirklich von sich habe, so habe sie sich früher oft gefühlt, und jetzt fühle sie sich besser.

Ein weiterer früher Abwehrmechanismus ist die Spaltung, und da ist zu klären, welche Form der Spaltung der Patient, die Patientin verwendet. Das Konzept ist alles andere als klar, was Pruyser (1975) in seinem Artikel »What splits in splitting?« sogar zu der Forderung führt, am besten ganz auf das Konzept zu verzichten. Wie Blass (2013) nachgewiesen hat, lassen sich ganz unterschiedliche Bedeutungen von Spaltung nachweisen:
- Spaltung als Dissoziation von Bewusstseinszuständen;
- Spaltung als Verleugnung von Teilen der Realität;
- Spaltung der Vorstellungen: Gespaltene Selbst- und Objektvorstellungen können nicht zusammengebracht werden;
- Spaltung der Psyche: Das Selbst spaltet Teile ab und projiziert sie nach draußen. Ursache für die Spaltung ist die eigene Destruktivität, die quasi nach außen verlagert wird.

In jedem Fall ist es so, dass man das, was der Patient spaltet, mit ihm wieder zusammenbringen muss, und das kann in Abhängigkeit von der Art der Spaltung sehr Unterschiedliches sein. Relativ häufig werden vorherige Behandlungen abgewertet (und die neue Behandlung bei uns idealisiert), aber etwas hat der Patient erfahren und gelernt, und das müssen wir zusammenbringen und integrieren. Genauso wie wir auf Station die gespaltenen Bilder, die eine Patientin bei den verschiedenen Mitarbeitenden auf Station erzeugt, zusammenbringen müssen – denn das sind Anteile von ihr, die zusammengehören. Hier ist also im Sinne der OPD auch an der Selbstwahrnehmung zu arbeiten.

9 Abschließende Bemerkungen

Es wurde deutlich, dass Abwehr und Widerstand ubiquitäre Phänomene sind, die sich in der Wissenschaftsgeschichte, im Alltag ebenso wie in der Psychotherapie zeigen und die sehr komplexe Formen annehmen können. Sowohl Abwehr als auch Widerstand wurden in viele Subtypen differenziert. Eine solche differenzierte Konzeptualisierung erweitert unser Verständnis und hilft bei der Entwicklung und Anwendung geeigneter Interventionsstrategien. Offenkundig wurde, welch schützende Funktion Abwehr und Widerstandsverhalten der Patientinnen und Patienten haben und wie sehr der Therapeut in seinen Interventionen deren strukturelle Vulnerabilität, aber auch deren Ressourcen berücksichtigen muss, um das Angstniveau nicht zu sehr ansteigen zu lassen. Die Arbeit an den Ressourcen ermöglicht es auch, dass immer mehr Abwehrformationen durch reifere Formen der Bewältigung ersetzt werden können.

Es wurde für ein integratives Modell plädiert, das den Blick auf Abwehr *und* Bewältigung richtet. Die beziehungsregulierende Funktion von Widerständen wurde bislang nur unzureichend wahrgenommen, ebenso wie die Tatsache, dass sich Abwehr und Widerstand auch im Laufe einer Therapie ändern, was ständige Anpassungsversuche der Therapeutin oder des Therapeuten und große Flexibilität in den Interventionen voraussetzt.

Literatur

Arbeitskreis OPD-E-2 (2006). Operationalisierte Psychodynamische Diagnostik OPD-2. Bern: Huber.
Arbeitskreis OPD-KJ-2 (2013). Operationalisierte Psychodynamische Diagnostik OPD-KJ-2. Bern: Huber.
Benecke, C. (2015). Klinische Psychologie und Psychotherapie. Stuttgart: Kohlhammer.
Benjamin, L. S. (1995). Good defenses make good neighbours. In H. R. Conte, R. Plutchik (Eds.), Ego defenses: Theory and measurement (pp. 53–78) (The Einstein Psychiatry Publication, 10). New York: Wiley.
Binder-Klinsing, G. (2016). Psychodynamische Supervision. Göttingen: Vandenhoeck & Ruprecht.
Blass, R. B. (2013). Über verschiedene Bedeutungen von Spaltung. Psyche – Zeitschrift für Psychoanalyse und ihre Anwendungen, 67, 97–119.
Bond, M., Perry, J. C. (2004). Long-term changes in defense styles with psychodynamic psychotherapy for depressive, anxiety and personality disorders. American Journal of Psychiatry, 161, 1665–1671.
Breuer, J., Freud, S. (1895). Studien über Hysterie. GW I. London: Imago.
Bronowski, J. (1979). The ascent of man. London: Science Horizons.
Carver, C. S., Scheier, M. F., Weintraub, J. K. (1989). Assessing coping strategies: A theoretically based approach. Journal of Personality and Social Psychology, 56, 267–283.
Cramer, P. (1991). The development of defense mechanisms. New York: Springer.
Cramer, P. (2007). Longitudinal study of defense mechanisms: Late childhood to late adolescence. Journal of Personality, 75, 1–24.
Cramer, P. (2012). Psychological maturity and change in adult defense mechanisms. Journal of Research in Personality, 46, 306–316.
Cramer, P., Brilliant, M. (2001). Defense use and defense understanding in children. Journal of Personality, 69, 291–321.

Cremerius, J. (1969). Schweigen als Problem der psychoanalytischen Technik. Jahrbuch der Psychoanalyse, 6, 69–103.

Diehl, M., Chui, H., Hay, E. L., Lumley, M. A., Grühn, D., Labouvie-Vief, G. (2014). Change in coping and defense mechanisms across adulthood: Longitudinal finding in a European-American sample. Developmental Psychology, 50, 634–648.

Ehlers, W. (2014). Abwehrmechanismen. In W. Mertens (Hrsg.), Handbuch der psychoanalytischen Grundbegriffe (S. 14–28). Stuttgart: Kohlhammer.

Ermann, M. (2014). Widerstand. In W. Mertens (Hrsg.), Handbuch der psychoanalytischen Grundbegriffe (S. 1078–1083). Stuttgart: Kohlhammer.

Fenichel, O. (1948/2014). Psychoanalytische Neurosenlehre, Bd. I–III. Studienausgabe. Gießen: Psychosozial-Verlag.

Flückinger, C., Regli, D. (2007). Die Berner Ressourcen-Taskforce. Ein Praxis-Forschungsnetzwerk zur Erkundung erfolgreicher Wirkfaktor-Muster. Verhaltenstherapie und psychosoziale Praxis, 39, 307–320.

Freud, A. (1936/1980). Das Ich und die Abwehrmechanismen. Die Schriften der Anna Freud, Bd. 1 (S. 191–355). München: Kindler.

Freud, S. (1905a). Bruchstück einer Hysterie-Analyse. GW V (S. 160–286). London: Imago.

Freud, S. (1905b). Der Witz und seine Beziehung zum Unbewussten. GW VI (S. 5–269). London: Imago.

Freud, S. (1912). Ratschläge für den Arzt bei der psychoanalytischen Behandlung. GW VIII (S. 375–387). London: Imago.

Freud, S. (1914). Erinnern, Wiederholen, Durcharbeiten. GW X (S. 125–136). London: Imago.

Freud, S. (1915). Triebe und Triebschicksale. GW X (S. 209–232). London: Imago.

Freud, S. (1916). Einige Charaktertypen aus der psychoanalytischen Arbeit. GW X (S. 364–391). Frankfurt a. M.: London: Imago.

Freud, S. (1923). Das Ich und das Es. GW XIII (S. 237–289). London: Imago.

Freud, S. (1926). Hemmung, Symptom und Angst. GW XI (S. 111–206). London: Imago.

Freud, S. (1937). Die endliche und die unendliche Analyse. GW XVI (S. 57–100). London: Imago.

Glover, E. (1955). The technique of psychoanalysis. London: Balliere, Tindall & Cox.

Greenson, R. (1971/2008). Technik und Praxis der Psychoanalyse. Stuttgart: Klett-Cotta.

Groß, L. J., Stemmler, M., de Zwaan, M. (2012). Ressourcenaktivierung in der klinischen Psychologie und Psychotherapie: Überblick über theoretische Hintergründe und aktuelle Forschungsansätze. Fortschritte der Neurologie und Psychiatrie, 80, 431–440.

Haan, N. (1977). Coping and defending. Processes of self-environment organization. New York: Academic Press.

Heigl-Evers, A., Heigl, F. (1988). Das interaktionelle Prinzip in der Einzel- und Gruppenpsychotherapie. Zeitschrift für Psychosomatische Medizin und Psychoanalyse, 29, 1–14.

Heinrichs, M., Stächele, T., Domes, G. (2015). Stress und Stressbewältigung (Fortschritte der Psychotherapie). Göttingen u. a.: Hogrefe.

Hobfoll, S. E. (1989). Conservation of resources: A new attempt at conceptualizing stress. American Psychologist, 44, 513–524.

Huprich, S. D. K., Bornstein, R. F. (2015). Behind closed doors. Sadomasochistic enactment and psychoanalytic research. Psychoanalytic Inquiry, 35, 185–195.

Kernberg, O. (1988). Schwere Persönlichkeitsstörungen. Stuttgart: Klett-Cotta.

King, V. (2006). Faszination und Anstößigkeit: Der Fall Dora im Entstehungs- und Veränderungsprozess der Psychoanalyse. Psyche – Zeitschrift für Psychoanalyse und ihre Anwendungen, 9/10, 978–1004.

Klein, M. (1946). Notes on some schizoid mechanisms. International Journal of Psychoanalysis, 27, 99–110.

Kleist, H. von (1808). Die Marquise von O…. In A. H. Müller (Hrsg.), Phöbus. Ein Journal für die Kunst. Erster Jahrgang, zweites Stück (Februar 1808), S. 3–32.

Kollmar, F. (2003). Abwehr- und Bewältigungsverhalten. Eine Studie mit gesunden und chronisch kranken Jugendlichen und jungen Erwachsenen. Hamburg: Dr. Kovač.

König, K. (1995). Widerstandsanalyse. Göttingen: Vandenhoeck & Ruprecht.

König, K. (1997). Abwehrmechanismen. Göttingen: Vandenhoeck & Ruprecht.

Körner, J. (2013). Abwehr und Persönlichkeit. Stuttgart: Kohlhammer.

Körner, J. (2016). Psychodynamische Interventionsmethoden. Göttingen: Vandenhoeck & Ruprecht.

Kristeva, J. (2008). Das weibliche Genie Melanie Klein. Gießen: Psychosozial-Verlag.

Küchenhoff, J. (2014). Abwehr. In W. Mertens (Hrsg.), Handbuch der psychoanalytischen Grundbegriffe (S. 7–14). Stuttgart: Kohlhammer.

Laughlin, H. P. (1979). The ego and its defenses (2nd ed.). New York: Aronson.

Lazarus, R. S. (1991). Emotion and adaptation. New York: Oxford University Press.
Lazarus, R. S. (1999). Stress and emotion. A new synthesis. London: Free Association Books.
Lazarus, R. S. (2000). Towards better research in stress and coping. American Psychologist, 55, 665–673.
Lazarus, R. S., Folkman, S. (1984). Stress, appraisal and coping. New York: Springer.
Leipnitz, A. (2015). Unveröffentlichter Abschlussbericht der Therapeutenausbildung für das Adler-Institut, Mainz.
Ludwig-Körner, C. (2016). Eltern-Säuglings-Kleinkind-Psychotherapie. Göttingen: Vandenhoeck & Ruprecht.
Malone, J. C., Cohen, S., Liu, S. R., Vaillant, G. E., Waldinger, R. (2013). Adaptive midlife defense mechanisms and late-life health. Personality and Individual Differences, 55, 85–89.
Mentzos, S. (1976). Interpersonale und institutionalisiert Abwehr. Frankfurt a. M.: Suhrkamp.
Mentzos, S. (1984). Neurotische Konfliktverarbeitung. Frankfurt a. M.: Fischer.
Nickel, R., Egle, U. T. (2005). Influence of childhood adversities and defense styles on the 1-year follow-up of psychosomatic-psychotherapy inpatient treatment. Psychotherapy Research, 15, 483–494.
Perry, J. C., Bond, M. (2012). Change in defense mechanisms during long-term dynamic psychotherapy and five-year outcome. American Journal of Psychiatry, 169, 916–925.
Persike, M., Seiffge-Krenke, I. (2015). Stress with parents and peers: How adolescents from 18 nations cope with relationship stress. Anxiety, Stress & Coping, 1, 1–22.
Pruyser, P. W. (1975). What splits in splitting? Bulletin of the Menninger Clinic, 39, 1–46.
Reich, W. (1933). Charakteranalyse. Wien: Selbstverlag.
Rudolf, G. (2004). Strukturbezogene Psychotherapie. Leitfaden zur psychodynamischen Therapie struktureller Störungen. Stuttgart u. New York: Schattauer.
Rudolf, G. (2016). Psychotherapeutische Identität. Göttingen: Vandenhoeck & Ruprecht.
Sandler, J. (Ed.) (2004). Projection, identification, projective identification. London: Karnac Books.
Sandler, J., Dare, C., Holder, A. (1973). Grundbegriffe der psychoanalytischen Therapie. Stuttgart: Klett.

Schreyögg, A. (1991). Supervision – ein integratives Modell. Paderborn: Junfermann.
Seiffge, M. J. (2015). Obergutachter- und Gutachterverfahren bei ambulanten psychodynamischen Verfahren. Ein Versuch der Qualitätssicherung. Dissertation, Medizinische Fakultät der Universität Mannheim.
Seiffge-Krenke, I. (1995). Stress, coping, and relationships in adolescence. Mahwah: Erlbaum.
Seiffge-Krenke, I. (2011). Coping with relationship stressors: A decade review. Journal of Research on Adolescence, 21, 196–210.
Seiffge-Krenke, I. (2013). Arbeitsbündnis und Übertragung in der psychotherapeutischen Behandlung von Kindern und Jugendlichen. In R. Sannwald, M. Schulte-Markwort, F. Resch (Hrsg.), Psychotherapeutische Fertigkeiten (S. 97–116). Göttingen: Vandenhoeck & Ruprecht.
Seiffge-Krenke, I., Cinkaya, F. (2017). Behandlungsabbrüche. Therapeutische Konsequenzen einer Metaanalyse. Göttingen: Vandenhoeck & Ruprecht.
Seiffge-Krenke, I., Dietrich, H., Adler-Corman, P., Timmermann, H., Rathgeber, M., Winter, S., Röpke, C. (2014). Die Konfliktachse der OPD-KJ-2. Ein Fallbuch für die klinische Arbeit. Göttingen: Vandenhoeck & Ruprecht.
Seiffge-Krenke, I., Persike, M. (2016). Gendered pathways to young adult symptomatology: The impact of managing relationship stress during adolescence. International Journal of Behavioral Development, X, 1–12.
Vaillant, G. E. (1971). The theoretical hierarchy of adaptive ego mechanisms. Archives of General Psychiatry, 24, 107–118.
Vaillant, G. E. (1992). The ego and mechanisms of defense. Washington DC: American Psychiatric Press.
Wöller, W., Kruse, J. (2014). Tiefenpsychologisch fundierte Psychotherapie. Basisbuch und Leitfaden. Stuttgart: Schattauer.
Yalom, I. (1994). Und Nietzsche weinte. Hamburg: Ernst Kabel.
Young, J. E., Klosko, J. S., Weishaar, M. E. (2005). Schematherapie. Ein praxisorientiertes Handbuch. Paderborn: Junfermann.
Zwiebel, R. (1992). Der Schlaf des Analytikers. Stuttgart: Verlag für Internationale Psychoanalyse.